AI에게 건강을 맡겨도 될까요?

건강을 맡겨도 될까요?

김준혁
지음

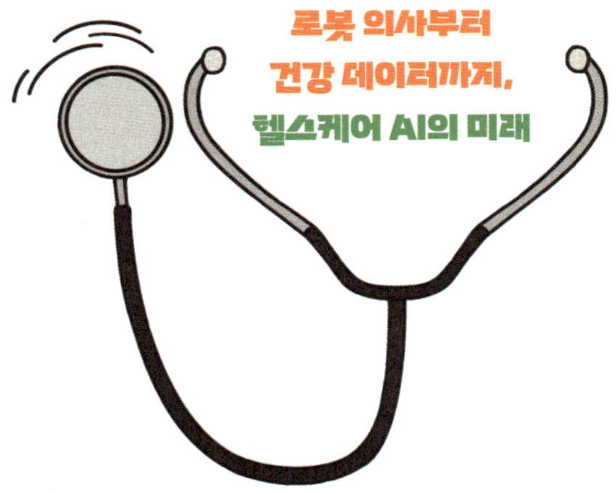

로봇 의사부터
건강 데이터까지,
헬스케어 AI의 미래

곰곰

우리는 새로운 리터러시가 필요합니다

과학소설을 읽다 보면, 인간 의사가 아닌 로봇에게 치료를 받는 장면을 종종 만나곤 합니다. 그런데 왜 하필 로봇이 의사 역할을 대신하는지 생각해 본 적 있나요? 미래에는 기술이 고도로 발달할 테니 당연히 그렇게 되리라고 받아들일 수도 있을 거예요. 하지만 자세히 들여다보면 생각보다 간단한 문제는 아니랍니다.

무엇보다 의사를 키워 내는 일이 만만치 않기 때문입니다. 인간의 몸도, 몸속에서 생기는 병도 너무 복잡하거든요. 우리가 인체에 대해 알면 알수록, 당연히 지금보다 더 많은 지식과 능력을 갖추어야 의사가 될 수 있을 거예요. 뛰어난 실력을 가진 인간 의사는 줄어들 수밖에 없겠지요.

그렇게 되면 치료를 받고 싶어도 의사를 만날 수 없는 상황이 생깁니다. 환자는 많은데 치료할 의사는 부족한 것이지요. 이렇게 충돌하는 상황의 딜레마를 해결하고자 의사 업무의 등급을

나눕니다. 복잡하고 어려운 일을 하는 의사, 그보다 쉬운 일을 하는 의사, 더 일반적이고 간단한 일을 하는 의사 등으로요.

과학소설에서라면 훌륭한 기술이 이 문제를 해결해 주겠지요. 만약 인간 의사가 가장 복잡하고 어려운 병을 치료하는 역할을 한다면, 그보다 쉬운 일은 로봇이 맡을 거예요. 그렇다면 이런 '로봇 의사'는 어느 병원에서든 쉽게 만날 수 있겠지요. 그래서 과학소설에선 주로 로봇이 치료를 담당합니다.

불과 얼마 전까지만 해도 이런 이야기는 말 그대로 '공상과학'이었어요. 그러나 AI가 확산되면서 별안간 현실로 다가오고 있다는 생각을 하게 됩니다. 지금 당장 로봇이 의사의 역할을 대신하지는 않겠지만, 머지 않아 의사나 간호사가 해 오던 업무 일부를 로봇이 대신하거나, AI와 로봇이 의료인을 도와서 함께 일하는 광경을 만날 수 있을 거예요.

인간 상담사가 아닌 챗봇과 진료 예약 상담을 하고, 병원에 로봇들이 돌아다니며 필요한 진료나 돌봄 보조를 하는 일은 곧 보편적인 현실이 될 것입니다. 물론 이를 가능케 할 기술은 이미 개발되었지만, 지금까지는 활용 범위가 제한적이었지요. 최근에는 대중화될 만큼 기술의 수준이 올라왔다고 할 수 있어요. 더구나 병원 바깥에선 이미 스마트워치나 스마트폰으로 신체 신호를 확인하고 AI와 건강에 관해 이야기를 나누는 일이 비일비재

합니다. 이렇듯 익숙해서 오히려 앞으로 우리에게 벌어질 수도 있는 문제에 소홀한 건 아닌지 생각해 보면 좋겠어요.

건강과 관련해 AI가 일으킬 수 있는 문제를 세 가지로 정리해 볼 수 있어요. 먼저, 정보로 인해 사람들이 피해를 입을 수 있어요. 건강 정보는 타인에게 알려지는 것만으로도 손해가 되기도 해요. 잘못된 정보가 퍼지면 그것을 믿다가 피해를 입기도 하지요.

AI가 사람들의 선택에 관여할 수도 있어요. AI는 사람들을 쉽게 설득할 수 있을 정도로 이미 발전했거든요. 게다가 AI는 기계이기 때문에 사람보다 공정할 것 같지만, 실제로는 그리 공정하지 않아요. AI 훈련을 위해 사용되는 데이터가 객관성을 잃은 경우도 있고, AI를 활용하는 방식에 따라 사람마다 다른 대접을 받을 수도 있지요.

건강을 위해 병원과 일상에서 사용하는 AI, 즉 헬스케어 AI를 이야기할 때 이런 내용들을 검토해야 하는 이유가 있는데요. 역사적으로 잘못된 의료 행위가 이루어졌을 때, 보통 위와 비슷한 문제로 환자와 사회에 불미스러운 일들이 생겼기 때문이에요. 환자 혹은 연구 대상자에게 불필요하거나 과도한 해가 가해졌다면, 그들의 생각을 무시하거나 중요한 사항을 알려 주지 않았다면, 보건이나 의료가 특정 집단을 차별했다면, 만약 그 의료

행위가 이득을 가져왔다고 해도 분명 잘못된 것입니다.

헬스케어 AI라고 할 때, 우리는 기술의 효율성을 먼저 생각하기 쉽습니다. 하지만 헬스케어 AI는 의학적 효율성을 높이는 데만 활용되어선 안 돼요. 건강을 증진시키는 것은 물론, 사람들의 권리를 침해하지 않는 방식으로 작동해야 합니다.

의료기기의 경우 이전부터 엄격한 승인 절차를 거쳐 그 사용을 제한하고 사용자에게 책임을 지워서 문제가 생기지 않도록 했어요. 하지만 헬스케어 AI는 이런 식으로 관리하기 어려울 거예요. 병원 안에서 주로 의료 전문가만이 사용하던 과거의 의료기기와 달리, 헬스케어 AI는 병원 밖에서 일반인들도 사용하기 때문이지요.

이제 병원 바깥에서도 헬스케어 AI가 활용되고 있어요. 심지어 AI를 통해 우리는 의학, 의료, 건강과 관련된 지식을 더 쉽게, 많이 알 수 있으리라고 기대하고 있지요. 이런 상황에서 우리도 할 일이 있어요. 헬스케어 AI가 어떻게 연구, 활용되어야 하는지 의견을 보태야 해요.

전문가도 아닌데 어떻게 의견을 낼 수 있냐고요? 그런 의문이 드는 건 어쩌면 자연스러운 일이에요. 오랫동안 의학은 전문 지식을 가진 소수의 사람들이 공유해 온 영역이었고 여전히 낯설고 어려우니까요. 게다가 자칫하면 생명에 나쁜 영향을 미칠 수

있기 때문에 조심, 또 조심해야 하지요.

다만 우리가 의견을 제시해야 한다고 했을 때는, 전문적인 치료가 아닌 의료 AI의 활용 방식에 참여해야 한다는 뜻이에요. AI에 대해선 의료인도 전문가가 아니니까요. 그렇다고 AI를 만든 개발자가 의학을 아는 것도 아니지요. 누구의 영역도 아니어서 헬스케어 AI를 누가 책임져야 하는 건지 모호하게 느껴질 수도 있어요. 바꿔 말하면, 누구의 것도 아닌 우리 모두의 영역이라고 할 수 있지요.

헬스케어 AI에 대해 관심을 가지고 목소리를 내려면 어떻게 해야 할까요? 지금부터 헬스케어 AI의 이모저모를 알아보며 궁극적으로는 어떻게 하면 그에 걸맞은 리터러시를 갖출 수 있을지 생각해 볼 거예요. 처음 보는 단어가 나와서 헷갈릴 수도 있어요. 하지만 여러분이 어렵게 않게 이해할 수 있도록 찬찬히 살펴볼 테니 걱정 말아요. 그럼 출발해 볼까요?

차례

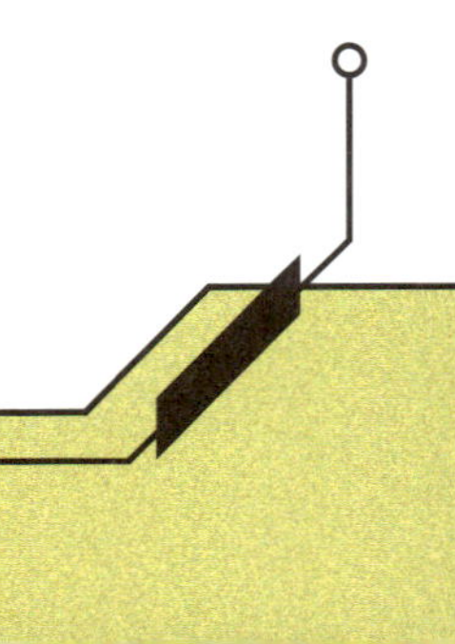

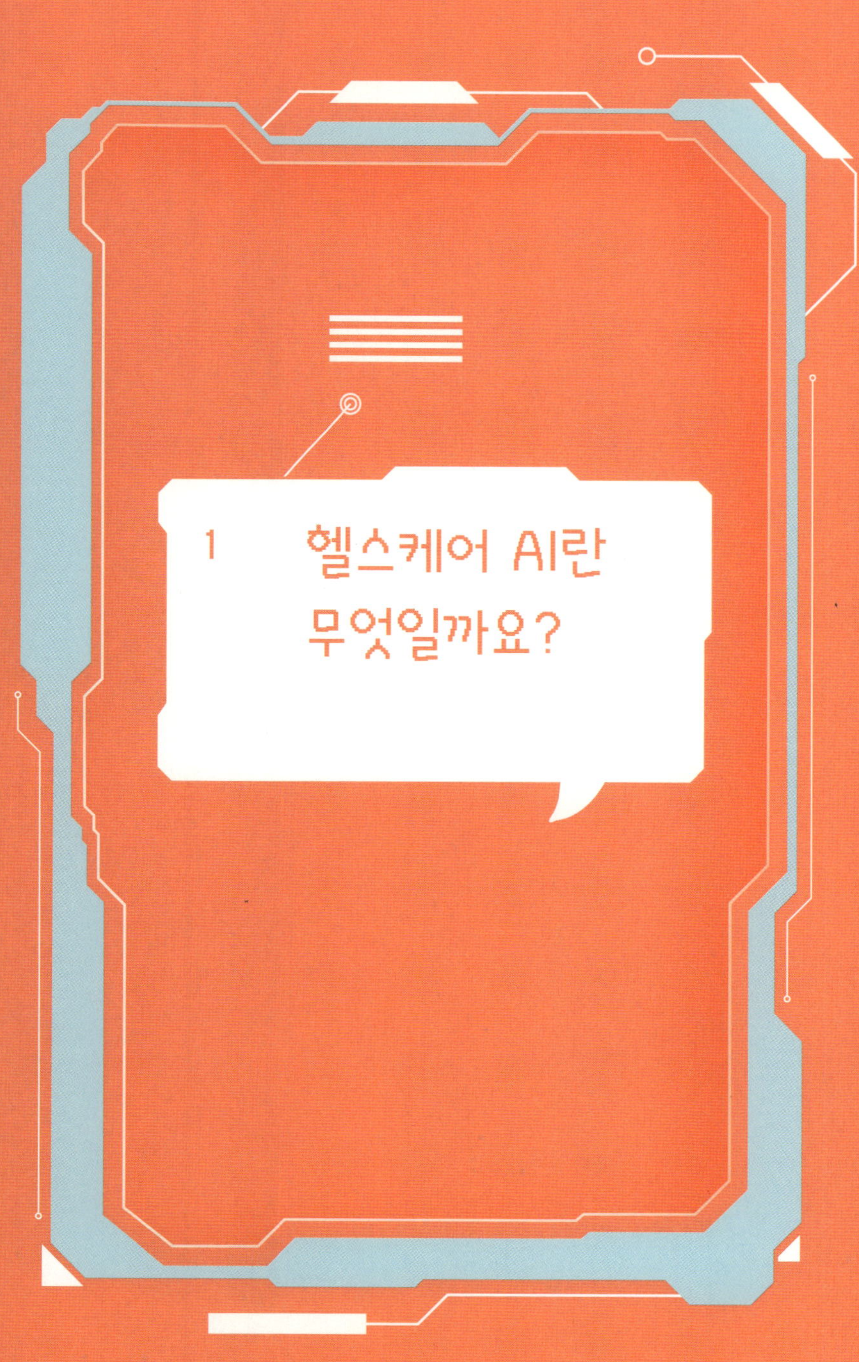
1
헬스케어 AI란
무엇일까요?

바야흐로 AI의 시대입니다. 여러분은 AI라는 말을 들으면 무엇이 떠오르나요? 전 영화 〈스타워즈〉의 통역 로봇(이라고 쓰고 몸개그 담당이라고 읽지요.) C-3PO가 가장 먼저 떠오릅니다. 인간 배우가 로봇 복장을 하고 움직이는 게 뻔히 보였지만, 어릴 적엔 인간과 닮은 로봇이 우리 일상에 들어와 여러 도움을 주리라고 상상하는 것이 즐거웠어요. 동시에 그런 미래는 아주 멀리 있는 것, 적어도 제가 살아 있는 동안엔 겪지 못할 일이라고 생각했지요. 그때 제 컴퓨터는 '인공지능', 즉 인간의 지능을 따라하며 문제를 스스로 해결하는 고도의 기술과는 거리가 멀어 보였거든요.

어딜 가나 AI 이야기가 빠지지 않는 지금, 그때를 떠올리며 스스로 묻곤 해요. '얼마나 달라진 걸까? 아니, 달라지긴 한 걸까?' 그러니까 〈스타워즈〉 속 로봇이 지금 우리 주변에 돌아다니고 있다고 할 수 있을까요? 아직은 그렇지 않다는 것이 정확한 진단일 거예요. 하지만 그와 비슷한 무엇이 이미 우리 삶에 들어와 있음은 분명해요. 무슨 의미일까요?

AI? 알파고? 챗GPT?

'딥 블루'라는 이름을 들어 본 적 있나요? 색깔 이름 아니냐고요? 맞아요. 하지만 지금 말하는 딥 블루는 1996년 2월 세계 체스 챔피언을 이긴 체스 특화 AI 컴퓨터예요. 30여 년 전, 세계는 인간이 AI에게 패배했다는 소식으로 떠들썩했지요. 딥 블루는 엄청난 연산 능력을 바탕으로 상대가 둘 수 있는 모든 수를 계산했습니다. 그 계산을 바탕으로 최적의 수를 둠으로써 승리를 얻어 냈어요.

딥 블루에게도 한계는 있었습니다. 체스는 비교적 작은 세상, 즉 8×8 격자로 된 판에서 6종의 기물만으로 벌어지는 게임이지요. 컴퓨터가 충분히 속도를 낼 수 있다면 기물이 이동할 수 있는 모든 경우의 수를 계산하는 건 그리 큰 문제는 아니었어요. 하지만 이보다 복잡한 조건이 주어진다면 컴퓨터의 계산 속도는 가늠할 수 없을 만큼 빨라야 하지요. 물론 기술이 발달할수록 컴퓨터의 계산 속도도 단축되겠지만, 바둑만 해도 문제였어요. 바둑은 19×19 격자로 이루어져 규칙도 더 다양하기 때문이에요. 컴퓨터가 아무리 빨라지더라도 그 경우의 수를 단시간에 파악하는 건 무리인 듯했지요.

'알파고'라는 이름을 기억하나요? 딥 블루에 비해 좀 더 익숙한 이름이지요. 이제는 은퇴했지만 2016년 당시 세계 최고의 바둑 기사였던 이세돌을 꺾음으로써, AI가 새로운 단계에 진입했음을 보여 준 알고리듬이었지요. 알파고의 특별함은 앞서 말한 이야기와 이어집니다. 여전히 우리는 바둑의 모든 수를 미리 계산한 다음 최선의 수를 선택할 만큼 빠른 컴퓨터를 발명하지 못했어요. 하지만 알파고는 바둑에서 승리를 거뒀습니다. 어떻게 가능했을까요?

알파고의 승리 전략은 계산으로 모든 가능성을 검토하는 것이 아니라, 이길 확률이 높은 수에 집중하는 것이었어요. 프로 바둑 기사가 경험을 바탕으로 가능성 있는 몇 가지 수만 깊이 분석하는 것처럼요. 알파고를 만든 기업 딥마인드는 특별히 두 가지 능력에 집중했습니다. 바둑에서 현재 배치가 얼마나 유리한지 평가하는 능력과 어떤 수가 가장 유망한지 빠르게 찾아내는 능력. 알파고는 이 두 가지를 조합해서 가장 이길 가능성이 높은 수를 선택했지요. 간단히 말해 확률을 높이는 방식으로 작동한 거예요.

이러한 접근은 이후 AI 개발에도 그대로 적용됩니다. '딥 러닝 네트워크'가 대표적이지요! 딥 러닝이라는 말은 이곳저곳에서 들어 보았지요? 말 그대로 '깊은 학습'이라는 의미인데, 다만 학

습하는 내용이나 분야가 아니라 학습하는 '구조'를 깊이 있게 설계했음을 의미해요. 컴퓨터 공학자들은 뇌 신경을 흉내낸 신경망 네트워크를 피드백(출력 결과를 반영하여 처리 방식을 수정하는 과정)을 통해 훈련시키는 방법을 개발했지요. 그리고 이 신경망 네트워크를 깊이, 즉 수천, 수만 층을 쌓아서 학습하는 것을 딥 러닝 네트워크라고 불러요.

딥 러닝 네트워크는 특히 이미지 분석 과제에서 혁신적인 성과를 보여 주었습니다. 오픈AI에서 개발한 생성형 인공지능 GPT가 1.0과 2.0 버전을 거쳐 3.0으로 갱신되었고, 이 기술을 기반으로 한 대화형 AI 서비스 챗GPT에서도 역시 확률 기반 접근이 사용되었어요(물론 같은 기술이라는 뜻은 아니에요!). 이러한 접근 덕분에 지금 우리가 AI의 혁신을 지켜볼 수 있는 건지도 몰라요. 최신 AI 모형 또한 여전히 같은 방식을 활용하고 있고요.

이전까지 AI는 분명한 규칙성을 따라 판단을 내렸어요. 예를 들면, 인간이 대화할 때 어떤 규칙이 나타나는지 찾아낸 후, 대화형 AI가 그것을 모방하게 했지요. 하지만 지금은 규칙을 찾아내는 대신 컴퓨터가 가장 확률이 높은 조합을 만들어 내는 방식을 익히도록 훈련시킵니다. 즉 바로 다음에 나올 확률이 가장 높은 단어를 계산하도록 만든다는 뜻이에요.

AI의 확률적 접근은 놀라운 결과물을 만들어 냈습니다. 이제

AI의 쓸모를 부정하는 사람은 거의 없어요. 글을 쓰고, 그림을 그리며, 음악과 영상까지 제작하는 뛰어난 능력을 가지고 있으니까요. 많은 사람이 주목하는 핵심 과제는 AI의 능력을 어디에, 어떻게 활용할지에 관한 것입니다.

AI가 가진 많은 능력 중에 특히 프로그래밍을 해내는 실력은 매우 대단합니다. 알파고를 만든 딥마인드의 CEO 데미스 허사비스는 단백질의 3차원 구조를 찾아내는 AI를 개발하기도 했지요. 이 AI의 개발로 실험 없이 데이터만으로 단백질 구조를 예측할 수 있게 되면서, 각종 생명과학 연구에 드는 시간과 비용이 크게 줄었습니다. 이러한 공로를 인정받아 허사비스는 2024년 노벨화학상을 받았답니다.

의료 영역에서도 AI가 본격적으로 활용되기 시작했지요. 환자를 진단하고 치료하는 것부터 일상에서 건강을 관리하는 것까지 폭넓은 영역에서요. 건강 관련 AI에 관심을 가져야 하는 이유는, 이렇듯 AI가 관여하는 '건강 문제'가 다른 누구도 아닌 바로 우리의 문제이기 때문입니다.

왜 헬스케어 AI를 구분하나요?

보건·의료 분야, 그러니까 병원에서 환자를 진단하고 치료하거나 정부 기관에서 보건 정책을 실시하는 데도 AI가 도입되고 있지요. 대표적인 영역은 방사선 영상 판독으로, X선 사진의 검토를 돕는 AI는 정부 허가를 받은 지 꽤 되었답니다.

진단, 치료, 예방의 여러 영역에서 AI 개발은 빠르게 진행 중이고, 앞으로도 많은 역할을 하리라고 기대하고 있어요. 이런 일은 병원과 전문가의 것이니 우리 일상과는 조금 멀게 느껴질 수 있지만, 가까운 곳에서도 예시를 찾아볼 수 있습니다. 혹시 지금 손목에 스마트워치를 차고 있나요?

스마트워치는 사용자로부터 여러 가지 정보를 수집해요. 현재 위치와 자세 정보부터 심박수, 심전도(심장의 전기 신호 변화), 산소포화도(혈액을 통해 전달되는 산소의 농도) 심지어 수면 리듬까지도 측정해서 사용자의 스마트폰에 전송합니다. 이런 정보를 통해 우리는 건강 상태를 확인할 수 있어요. 병원에서도 같은 정보를 여러 장비를 이용해 수집하고, 그 결과를 종합해 진단을 하지요.

물론 병원에서 사용하는 장비처럼 스마트워치가 정밀한 측정을 할 수는 없어요. 많은 기술을 담기엔 크기도 너무 작고, 사용자가 팔을 계속 움직이니까요. 하지만 전문 장비에는 없는 이점도 있습니다. 보통 사람은 시계를 하루 종일 차고 있지요. 즉, 스마트워치는 사용자의 건강 정보를 하루 종일 확인할 수 있어요. 단시간 측정하는 병원 장비와는 다른 이러한 특성으로 우리는 건강과 질병에 대해 지금까지 확인할 수 없었던 많은 내용을 살펴볼 수 있습니다. AI는 이렇게 수집한 자료를 분석하고 사람들의 건강 문제를 예측하는 데 활용됩니다.

여기서 우리는 AI가 건강 문제를 다루는 방식과 함께 AI 이전과 이후로 구분되는 보건, 의료의 특성을 확인할 수 있어요. 이전에도 며칠 동안 착용해서 환자의 정보를 수집하는 장비가 없었던 건 아니에요. 하지만 이런 장비는 병원의 일을 일상으로 조금 연장한 것에 지나지 않았어요. 모든 결과와 해석, 활용은 병원에서 이루어졌기 때문입니다. 이는 비단 의사나 간호사가 하던 일부 업무를 AI나 로봇이 대체했음을 의미하지 않아요. AI가 의료 영역에 도입된다는 것은 이제 매일의 일상이 보건·의료 영역에 포함된다는 것을 뜻합니다.

조금 복잡하지요? 간단히 말하면, AI로 인해 과거 병원에서만 가능했던 진단과 치료가 병원 바깥까지 확장되었다는 의미입니다. 이는 꽤 커다란 변화이기 때문에, 보건·의료 분야에 AI가 적용되었다는 설명 정도로는 충분하지 않아요. 그래서 저는 '헬스

케어 AI'라는 표현을 사용하는 것을 선호한답니다.

확률에 기반해 판단하고, 병원 밖 일상까지 확장된다는 두 가지 특징 때문에 헬스케어 AI를 사용할 때는 신중한 고민이 필요합니다. 조금 더 살펴볼까요?

헬스케어 AI의 특징: 확률, 예측, 의료

감기에 걸리거나 배가 아파 병원에 가면, 의사 선생님이 처방해 준 약을 먹고 며칠 만에 회복되는 경우가 있을 거예요. 그래서 의료를 답이 있는 분야라고 믿기 쉽습니다. 하지만 치료법을 생각할 때 저는 가장 먼저 정답이 아닌 확률을 떠올려요.

쉽게 말해 볼게요. 우리는 흔히 병에는 뚜렷한 원인이 있고, 의학은 그 병이 진행되는 과정을 처음부터 끝까지 면밀히 파악하고 있어서, 치료 역시 확실하게 이루어진다고 여기기 쉬워요. 하지만 제가 지금까지 배우고 환자에게 제공한 의학은 그런 통념과는 달랐어요. 의학은 지금까지 관찰해 온 경험적인 데이터를 기반으로 하지, 분자와 세포 단위부터 장기와 몸 수준에 이르는 세균, 면역, 신호, 약제의 상호작용을 순서대로 파악해서 접근하는 분야가 아니에요. 수학이나 공학같이 '명쾌한 답이 나오

는’ 분야와는 매우 거리가 멀답니다.

이런 분야에서 많이 활용되는 것이 통계지요! 통계는 현상을 숫자로 기술하는 것을 말하기도 하지만, 모든 경우의 수를 다 확인할 수 없을 때 부분 자료만으로 전체를 예측하는 것을 뜻하기도 해요. 예를 들어, 못 공장에서 생산되는 못의 지름을 확인한다고 해 봅시다. 공장의 못을 일일이 재면 정확하겠지만 상당히 비효율적이고 어쩌면 불가능한 일이에요. 이럴 때 우리는 못 몇 개를 표본으로 삼아, 그 못들의 지름을 측정해 평균을 냅니다.

병의 진단과 치료도 마찬가지예요. 사람의 몸에서 벌어지는 일은 너무 복잡하고 여러 요인이 영향을 미치기 때문에, 세세한 원인과 결과를 온전히 파악할 수는 없어요(최근 시스템 생물학 분야에서 시도하고 있지만, 성과는 아직 없어요). 그래서 통계적으로 접근하게 됩니다. 발병부터 병의 진행, 환자를 돌보기 위해 기울인 여러 노력은 표본이 되어 진단과 치료에 대한 예측값(통계)을 제공해요. 그런 예측값이 현대 의학을 구성합니다. 이런 병에 이렇게 접근하면 몇 %가 나았으니, 충분히 해볼 만한 치료라는 식으로요.

그래서 현대 의학이 내놓는 답은 생각보다 확실하지 않아요. 예외가 있거나 잘못 생각했을 수도 있으며, 심지어 많은 경우 나았다고 해서 나도 반드시 나을 수 있다고 확신하기 어려우니까요. 그렇기에 의료진의 경험과 책임이 중요합니다. 경험이 많은

의료진의 경우 여러 가능성 속에서 환자에게 잘 맞는 접근법을 선택할 수 있을 테지요. 이때 의료진은 실패와 그에 대한 책임을 염두에 두고 치료를 해야 합니다.

헬스케어 AI의 두 가지 특징이 여기에서 문제를 일으켜요. 첫째, 안 그래도 불확실한 의료 상황에서 확률에 기반한 AI의 답은 문제를 더 아리송하게 만들어요. 헬스케어 AI의 확률 기반 접근이 의료 현장의 모호함을 가중시킬 수 있다는 거예요. 의료진은 질병과 치료 효과의 불확실성을 통계적으로 이해하면서 어떻게 치료할지 결정하는데, AI의 진단 역시 확률에 의존하다 보니 두 가지 가능성이 혼란을 일으킵니다. 두 가지가 같다면 괜찮지만, 의료진의 가능성은 논문과 임상에 근거한 경험적 예측이고, 헬스케어 AI의 가능성은 훈련 자료에서 나온 수치적 확률이라는 차이가 있어요.

이해를 돕기 위해 단순한 가상 사례를 들어 볼게요. 한 소도시에 위치한 A 병원이 기존 진료 기록을 토대로 진단 AI를 만들었어요. 이 병원에서 특정 증상을 보인 환자가 맹장염으로 진단받은 경우가 70%라고 해 볼까요. 어느 날 배가 아파 병원을 방문한 환자의 대면 진료, 신체 검사, 방사선 사진 촬영 등 여러 결과를 토대로, 의사는 환자에게 맹장의 문제일 가능성이 60% 정도 된다고 생각해요. 반면 진단 AI는 환자의 일반적인 특성을

고려해 맹장염일 확률이 70%라고 판단합니다. 의사와 AI 중 어느 한쪽이 틀린 것이 아니라, 각자가 생각하는 확률의 개념이 달라서 발생하는 일인데요. 이때 두 결과를 모두 들은 환자는 무슨 생각을 하게 될까요?

둘째, 이 모든 게 병원에서 벌어지는 일이라는 사실이 문제가 되어요. 병원은 예측, 판단, 행동이 단 몇 분 사이에 이어지는 장소입니다. 따라서 AI가 내놓는 숫자가 곧바로 의학적 조치로 연결되지요. 그런데 이 행위가 다시 데이터와 '정답'을 바꿀 수 있습니다. 예를 들어, AI가 "폐렴 가능성 높음"이라고 알려주면 의사가 환자에게 신속히 항생제를 투여하겠지요? 그러면 이 환자는 폐렴으로 중환자실에 입원할 가능성이 줄어들 거예요. 이런 결과가 누적되면, 데이터 상에서는 오히려 과거 AI의 예측이 틀린 것처럼 보일 수도 있겠지요. 사실은 AI의 예측이 의료 행위에 영향을 미쳐 결과를 바꾼 것인데도 말이지요! 또한 이렇게 쌓인 자료들을 1년 뒤에 분석하면, 당시 결정과는 다른 방식으로 상황을 이해하게 될 수도 있어요. 예를 들면, 입원 치료를 받지 않았다는 결과값이 늘어났기 때문에 마치 처음부터 환자가 덜 아팠던 것처럼 보일 수 있지요.

또, 병원 데이터는 연구용으로 완벽하게 정리된 자료가 아니라 진료와 청구, 의사소통을 위해 기록된 흔적일 뿐이에요. 그래

서 빠진 값이 많고(게다가 '안 아파서'가 아니라 '덜 중요하다고 판단해서' 비어 있는 경우가 종종 있어요), 장비나 검사법, 기록의 방식이 병원·부서·시점마다 달라요. 이런 일들로 인해 AI가 훈련을 위해 제공받는 데이터가 가리키는 세상과 현실 세상 사이에 간극이 나타나게 됩니다. 따라서 같은 70%라는 숫자도 병원에 따라 전혀 다른 의미가 되곤 하지요. A 병원에서 학습한 AI를 B 병원에 그대로 쓰면 성능이 떨어지는 이유가 여기에 있어요.

또한 의료 현장은 시간과 책임의 압박이 심한 곳이에요. 질병에 관한 설명, 환자와 보호자의 동의, 법과 윤리적 기준, 보험 적용 여부, 팀 협업의 흐름에 AI가 자연스럽게 들어와야 합니다. 숫자 하나만 툭 던지는 도우미가 아니라, 왜 그런 판단을 했는지 설명할 수 있어야 하고, 틀렸을 때 정정할 방법과 보고 체계가 필요하지요. 결국 '추천은 기술이, 결정과 책임은 사람이'라는 원칙을 지키려면 만반의 준비가 필요하다는 뜻이에요.

헬스케어 AI, 왜 필요할까요?

AI 하나 도입하는 일에 너무 까다롭게 군다고 생각할 수도 있어요. 하지만 헬스케어 AI가 여러 상황에서 활용된다는 사실을

고려할 때, 꼭 생각해 보아야 하는 핵심 문제예요. 헬스케어 AI를 도입한다는 건 단순히 의사와 간호사가 하던 일을 컴퓨터가 대신 한다는 뜻이 아니랍니다. 여기에서부터 본격적인 이야기를 시작해 봅시다. 헬스케어 AI가 가져올 변화를 구체적인 사례로 먼저 살펴보면, 좀 더 이해하기 쉬울 거예요!

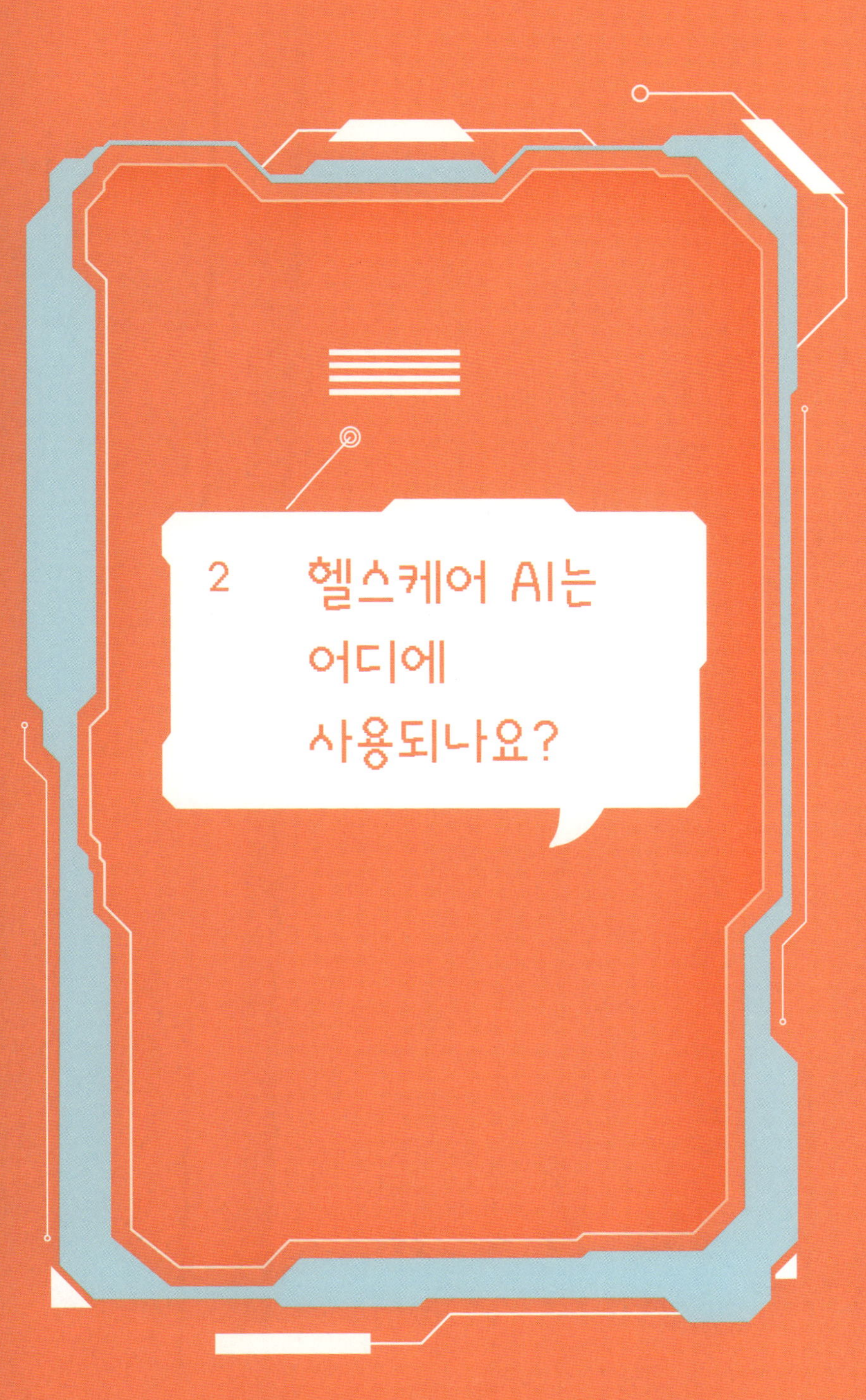
2   헬스케어 AI는
어디에
사용되나요?

지금은 어디에서나 AI에 관해 이야기하지만, 얼마 전까지만 해도 AI가 어떤 것인지 머릿속에 구체적인 그림을 그릴 수 있는 사람은 많지 않았던 것 같아요. 그런데 AI의 기술적 혁신은 2010년대 초에 이미 나타났어요. 앞서 이야기한 알파고도 이 변화, 이른바 '딥러닝 혁명'의 결과입니다. 하지만 이것이 사람들에게 유의미한 변화로 인식되기까지는 시간이 필요했어요.

그 계기를 제공한 것이 바로 2022년에 등장한 챗GPT예요. 챗GPT 덕분에 사람들이 '인공지능과 이런 식으로 대화할 수 있다니?'라고 생각하기 시작했지요. 이 점은 매우 중요해요. 보통 사람들은 기술 자체가 아닌, 자신과 AI가 맺는 관계를 생각한다는 것을 보여 주기 때문입니다. 이는 헬스케어 AI에도 적용할 수 있어요. 사람들이 헬스케어 AI를 인식하기 시작한 건 기술적 혁신보다 병원이나 일상에서 AI를 만난 경험에서라고 해요.

헬스케어 AI는 몇 년의 급변기를 거쳐 생각보다 빨리 우리 일상 속으로 들어오고 있어요. 이 시점에서 우리는 헬스케어 AI가 우리와 어떤 관계를 맺을지(또는 맺을 수 있을지) 살펴볼 필요가 있

어요. 지금부터 이미 적용할 수 있는 수준의, 연구 중인 몇 가지 사례를 통해 이를 검토하려고 해요. 사례들은 이해를 돕기 위한 가상의 이야기지만, 그렇다고 터무니없는 허구는 아니랍니다.

사례1: 환자 상담 챗봇

중학생 태윤이는 최근 걱정거리가 생겼어요. 얼굴에 여드름이 많이 나서 빨갛게 부어올랐거든요. 특히 코와 턱 주변에 난 여드름은 아프기까지 해서 신경이 쓰여요. 부모님께 말하기에는 창피하고, 친구들에게 물어봤다간 그런 것도 모르냐고 놀림당할 것 같아요. 인터넷에 검색하려 해도 뭐라고 쳐야 할지 모르겠고, 너무 많은 정보가 있어서 뭐가 맞는지 도통 모르겠어요.

학교 보건 시간에 선생님이 건강 상담 AI '메디챗'을 소개해 줬어요. 메디챗은 청소년 건강 상담을 위한 AI 챗봇이라는 설명도 들었습니다. 태윤이는 혹시나 하는 마음에 고민을 입력해 보았습니다.

"안녕, 나는 중학생인데 최근에 여드름이 많이 난 것 같아서 고민이야. 특히 코랑 턱에 여드름이 빨갛게 올라오는데 어떻게 하면 좋을까?"

메디챗은 태윤이의 나이, 피부 상태, 생활 습관에 관해 물었어요. 식습관, 스트레스 정도, 사용하는 세안 제품도요. 얼굴 사진을 찍어 올려 달라고도 했지요. 태윤이의 답변과 사진을 받은 메디챗은 청소년기 호르몬 변화와 여드름, 그리고 태윤이에게 맞는 기초 관리법을 설명해 주었어요.

"태윤 님, 청소년기에는 호르몬 변화로 피지 분비가 증가하기 때문에 여드름이 많이 나는 것은 자연스러운 일이에요. 특히 코와 턱 주변을 T존이라고 부르는데, 이곳엔 피지선이 많아서 여드름이 잘 생긴답니다. 몇 가지 도움이 될 만한 방법을 알려 드릴게요."

메디챗은 저자극 세안제를 추천하고, 하루 두 번 세안, 손으로 얼굴 만지지 않기, 충분한 수분 섭취와 같은 기본적인 관리법을 안내했어요. 그리고 약국에서 진정 성분이 포함된 패치를 구입해서 붙이고 다니는 것을 추천했지요. 하지만 2주 동안 열심히 따랐는데도 태윤이의 피부는 좋아지긴커녕 더 빨개지는 것 같았어요. 2주 뒤, 태윤이는 메디챗에게 다시 물었어요.

"여드름이 더 심해진 것 같아. 약국에서 패치도 사서 붙였는데 아프기만 해."

메디챗은 피부과를 방문해 보는 걸 추천했어요. 약을 처방받고 연고를 사용하는 게 좋을 것 같다는 의견이었지요. 하지만 병

처방전

원을 무서워하는 태윤이는 피부과에 가기 싫다고 했어요. 메디챗은 병원이 가기 싫은 이유를 묻고, 주사가 무섭다고 말하는 태윤이를 안심시켜 주었습니다. 치료 방법은 다양하고 지금 태윤의 상태에 꼭 주사약이 필요한 건 아니라는 설명이었지요. 태윤이는 용기를 내서, 다음주에 병원을 방문하기로 결정했어요.

사례2: 스마트 케어 AI

곧 고등학교에 입학하는 인수는 뇌성마비로 몸의 일부를 움직이는 데 불편을 겪고 있어요. 일상 생활을 하려면 여러 도움이 필요하지요. 휠체어를 타야 하고, 정교한 움직임이 필요한 손동작은 쉽진 않아요. 인수 부모님은 두 분 다 출근을 해야 해서, 필요할 때 일정을 조율해 가며 인수의 학교 생활과 활동을 도와 왔어요. 하지만 최근 인수네 가족에게 걱정거리가 생겼습니다. 인수가 고등학교에 가면 혼자서 해내야 하는 일이 더 많아져서요.

다행히 고민은 금세 해결되었습니다. 지역사회돌봄시범사업으로 '케어 컴패니언' 시스템을 지원해 준다는 소식을 듣고 이를 신청한 인수네 가족이 지원 대상으로 선정되었거든요. 이 케어

컴패니언 시스템은 장애인의 활동을 돕기 위해 설계된 AI 기반 지원 도구입니다. 목소리로 작동하는 스마트 허브, 집 안에 설치된 각종 스마트 장비들, 휠체어 부착 인터페이스, 스마트폰과 연결된 웨어러블 기기를 통해 인수의 활동을 보조하고 활동 반경을 넓히는 종합 시스템이지요.

복지 센터에서 인수네 집에 시스템을 설치한 직후, 인수는 기존 스마트 스피커와 뭐가 다른지 궁금했어요. 하지만 몇 주가 지나자 인수의 생활은 상당히 바뀌었습니다. AI가 인수의 생활 습관, 선호, 필요를 학습하고 그에 맞춰 여러 가지를 준비해 주었기 때문이지요.

케어 컴패니언은 인수가 혼자서도 학교에 갈 수 있도록 아침 준비를 도와줍니다. 언제 일어나야 하는지, 아침 식사와 약을 먹고 씻는 시간은 어떻게 조율해야 좋은지부터 AI 음성을 듣고 샤워와 등교 준비도 가능해졌지요. 학교에서 무언가 기록하거나 빠르게 반응해야 하는 상황에서, 케어 컴패니언은 인수의 선호를 반영한 노트 작성과 강의 녹음을 제공해요. 인수는 침해받는다고(남이 원하거나 정해 준 대로 해야 한다고) 느끼지 않으면서 수업 활동에 참여하고 더 적극적으로 공부할 수 있게 되었어요.

무엇보다 인수는 지금까지 학교 활동에 참여하는 것을 어려워했어요. 학급의 단체 활동이나 학교 생활에서 자신이 방해가

된다고 생각했기 때문이에요. 하지만 케어 컴패니언은 인수가 활동에 참여할 때 어떤 역할을 맡으면 좋은지, 그 역할을 수행할 때 어떤 도움이 필요한지, 그리고 시스템의 도움을 통해 인수가 할 수 있는 것은 무엇인지 알려 주었습니다. 이전에는 엄두도 내지 못했던 동아리 활동이나 학교 축제에서 인수도 자신의 참여 범위와 방식을 정할 수 있게 된 거예요. 인수와 더 많은 활동을 함께하게 된 친구들이 이제 인수에게 궁금한 것을 질문하기 시작했어요. 이것이 케어 컴패니언이 가져다준 가장 큰 변화가 아닐까요.

사례3: 진단 보조 AI

대학병원 응급의학과에서 전공의로 일하는 지환은 최근 병원에 도입된 임상 진단 보조 AI, '메디컬 인사이트'를 신뢰하지 않아요. 병원에서는 국내 최초로 도입한 AI 시스템이라며 병원 곳곳에 배치해 진료를 도와준다고 홍보했는데, 그 이야기를 듣자마자 10여 년 전 국내에 도입되었다가 실패로 끝난 '홈스 온콜로지'가 떠올랐거든요. 그때도 미국 유명 병원의 치료법을 학습한 AI가 암 진단과 치료 계획을 수립해 준다고 떠들썩했지요. 몇

몇 병원이 발 빠르게 시스템을 설치하고 홍보했지만, 결과가 잘 맞지 않거나 심지어 우리나라에서 쓸 수 없는 치료법을 제시하는 바람에 흐지부지되었어요.

어느 날 밤, 연쇄 추돌 교통사고로 환자 몇 명이 한꺼번에 실려 왔고, 이들을 처치하느라 말 그대로 눈코뜰 새가 없었어요. 그 와중에 배를 잡고 고통스러워하는 50대 남성이 응급실에 도착했어요. 환자는 오른쪽 아랫배가 아프다고 했지요. 엑스레이를 찍을 겨를도 없었지만, 환자가 워낙 아파하는지라 지환은 그의 가족에게 간단한 사항을 묻고 신체검사와 혈액검사만 진행했어요. 경미한 염증으로 보였지요. 진찰 결과로는 충수염인 것 같았습니다.

하지만 당직 교수님은 교통사고 환자를 보고 있어서 확인을 받을 수가 없었어요. 굳이 물어볼 필요가 있을까 생각하면서도 지환은 메디컬 인사이트를 열고 환자의 증상과 검사 결과를 입력했어요. AI는 곧바로 분석 결과를 보여 주었습니다.

지환은 처음에 게실염을 떠올리지 못했어요. 환자가 워낙 아파하고 통증 부위가 복부 오른쪽 아래니 당연히 충수염이라고만 생각했거든요. 여기서 게실염은 대장 벽의 혹 주머니에 생긴 감염 또는 염증을 말해요. 수술이 필요한 충수염과 달리, 게실염은 항생제나 수액 투여만으로 치료가 가능하지요. 지환은 워낙 정

진단 가능성: 충수염: 67%
                게실염: 22%
                요로결석: 8%
                기타: 3%

복부 CT 촬영이 권장됨.
(나이 및 증상 패턴으로 볼 때, 비전형적 충수염 의심)

신 없었던 터라 큰 문제로 착각한 것 같아 스스로 반성했습니다.

"환자분, 많이 아프시겠지만 수술까지는 필요 없겠어요. 지금 환자가 많이 밀려서, 죄송하지만 일단 진통제 수액을 놓아 드리고 복부 CT를 찍어 볼게요."

영상 검사 결과 게실염이 맞았어요. 만약 충수염 의심 환자로 일반외과에 진료를 넘겼어도 사진을 찍고 나면 결국 게실염 진단이 나왔을 거예요. 하지만 환자의 대기 시간도 줄이고 치료를 더 빨리 시작할 수 있었지요. 지환은 '뭐, 큰 차이는 아니지만 AI도 쓸 만한 구석이 있네'라고 생각했습니다.

다음날 아침 회진에서 지환은 교수님의 칭찬을 들었어요. 바쁜 와중에도 올바른 판단을 했고, 응급의학과 의사에게는 전체

의료 자원이 잘 활용될 수 있도록 판단을 내리는 것이 중요한 자질이라고 말씀하셨지요. 지환은 자신이 AI를 너무 삐딱하게만 바라본 것은 아닌가 생각하게 되었습니다.

지수는 동네 내과 의원에서 근무하는 간호사입니다. 최근 의원에서 도입한 치료 지원 AI 시스템 '콜라보레이트'로 환자를 상담하는 책임을 맡게 되었어요. AI는 학생 때부터 여러 과제나 프로젝트 활동에서 많이 사용해 봤지만, 막상 진료 현장에서 AI와 함께하는 것은 처음이라 환자분이 어떻게 생각할지, 혹시라도 AI가 이상한 이야기를 하면 어떻게 할지 걱정이 앞섰답니다.

어느 날, 65세의 박○○ 씨가 당뇨병 정기검진을 위해 의원을 찾아왔어요. 오랫동안 봐 온 환자라 오늘도 의사 선생님이 간단히 약만 처방하실 거라 생각했지요. 별다른 생각 없이 전산에 혈압과 혈당을 입력하니 콜라보레이트가 말을 걸었어요.

"간호사님, 환자분의 최근 3개월 혈당 패턴을 분석했습니다. 아침 공복 혈당이 조금씩 상승하고 있어, 현재 복용 중인 당뇨 치료제의 효과가 감소하는 것은 아닌지 의심됩니다. 의사 선생

님이 참고할 수 있도록 보고서를 작성하면 어떨까요?"

지수는 기록을 보고 자신이 수치 변화를 놓쳤음을 깨달았어요. AI에게 혈당 보고서를 작성해 기록에 같이 넣어 달라고 요청하고, 의사 선생님께 박○○ 씨에 관한 AI 보고서를 첨부했다고 전달했습니다. 사실 워낙 환자가 많은 날이라서 쉽게 놓칠 수 있는 부분이었고, 오늘 약을 바꾸지 않는다고 환자에게 큰일이 나는 것은 아니었어요. 하지만 사소한 변화에도 같이 관심을 가져 주는 동료가 있다는 생각에 마음이 조금 가벼워졌어요.

하지만 다음 환자인 40대의 김○○ 씨의 경우는 달랐어요. 만성 위염으로 내원한 김 씨의 증상을 입력하자, 콜라보레이트는 내시경 검사를 1차 접근법으로 추천했습니다. 그러나 의사 선생님은 환자의 경제적 상황과 이전 검사 기록을 종합해 먼저 약물 치료부터 하기로 결정했습니다.

앞으로는 AI가 모든 것을 고려해 인간과 같은, 어쩌면 인간보다 뛰어난 방식으로 치료하게 될지도 모르지만 아직은 아니라는 것을 다시 확인할 수 있었습니다. 환자와 오랜 시간을 보내며 다른 요소를 먼저 고려할 수 있었던 의사 선생님과 달리, 콜라보레이트는 일차적으로 건강 데이터만을 검토했지요. 한편으로는 AI가 이것저것 전부 살피기 시작하면 너무 복잡하겠다는 생각도 들었어요.

업무를 정리하면서 지수는 이런저런 생각을 하게 되었습니다. AI가 정확한 데이터 분석을 제공하고 치료의 질을 높이는 데 분명 도움을 주었어요. 하지만 환자 개개인의 상황을 이해하고 맞춤형 치료를 제공하는 데는 여전히 의료진의 판단과 경험이 필요할 거예요. 그렇다면 AI와 함께 일하는 방식을 잘 생각해 봐야 하고, 그 장점을 끌어낼 수 있도록 최선을 다해야 하겠지요.

사례5: 병원 업무 관리

K 병원은 지역의료를 담당하는 2차 병원이에요. 최근 경영 효율화, 환자 안전 및 만족도 향상을 목적으로 업무 관리 AI '케어플로우'를 도입했답니다. 이후 김 간호사, 박 의사, 이 병원장 세 구성원의 업무 풍경이 조금 달라졌어요. 함께 살펴볼까요?

출근한 김 간호사에겐 오늘의 업무 요약이 제공됩니다. "김 간호사님, 오늘 담당 병동에 새로 입원한 환자 3명이 있습니다. 303호 장 씨는 당뇨 합병증으로 2시간마다 혈당 모니터링이 필요합니다. 307호 윤 씨는 수술 후 첫날로 통증 관리와 활력징후 체크가 우선순위입니다."

한편, 박 의사는 처방전을 작성할 때마다 케어플로우가 실시

간으로 약물 상호작용, 용량 적정성, 환자의 알레르기 이력을 체크해 줍니다. "처방하신 항생제가 환자가 복용 중인 혈액 희석제와 상호작용할 수 있습니다. 용량 조절을 권장합니다."

이 병원장은 AI 도입으로 나타난 효과를 케어플로우에게 검토받아요. AI의 실시간 모니터링과 알림 시스템 덕분에 의료 오류가 35% 감소했고, 우선순위 기반 업무 배정으로 간호사 업무 효율성이 20% 향상했어요. 대기시간 단축과 개인 맞춤 케어 제공으로 환자 만족도 또한 상승했습니다.

이제 케어플로우가 도입된 지 6개월이 지났어요. AI는 축적된 데이터를 분석하여 흥미로운 패턴을 발견했습니다. "목요일 오후에 특정 유형의 응급 상황이 30% 더 발생합니다. 해당 시간대 의료진 배치를 강화하는 것을 권장합니다." 경영진은 AI를 통해 시스템의 여러 부분을 조정하고 병원을 더 효율적으로 운영할 수 있겠다고 생각했어요.

하지만 모든 것이 순조롭지만은 않았습니다. 일부 의료진은 AI의 제안을 맹신하는 경향을 보였고, 인간의 직감과 경험을 과소평가하는 문제가 나타났지요. 환자들 중에는 AI의 진료를 받는 것에 불안감을 표현하는 이들도 있었어요. 반면, 인간 의사와 간호사의 말보다 AI의 의견을 신뢰하는 사람들도 적지 않았지요. 경영진의 판단과 달리, 실무 의료진은 케어플로우가 짐이 된

다고 생각하기 시작했습니다.

지금 여기에서, 헬스케어 AI를 고민하는 일

병원에서부터 일상까지, 헬스케어 AI는 다양한 영역과 범위에 활용됩니다. 의사와 간호사를 포함한 의료 전문직의 일을 일부 대신하는 것에서부터, 밥 먹고 씻는 일상생활을 보조·지원하는 스마트 홈 연계 시스템까지요. 그리고 앞선 사례에서 우리는 AI가 헬스케어에 활용됨으로써 많은 것이 달라진다는 것을 확인할 수 있었어요. 나아가, 이런 변화로 인한 새로운 문제들도 눈에 들어옵니다.

AI는 우리 삶과 매우 밀접하게 관련되어 있습니다. 잠깐만 생각해 보아도 다음과 같은 질문들이 줄지어 떠오릅니다. '당장 아플 때 병원에서 AI 적용 서비스를 골라야 할까?', '이사를 갈 때, 집에 이런 AI 시스템을 설치할 수 있는 곳(또는 이미 설치된 곳)을 선택해야 할까?', '우리 집 차는? 학교는?'… 그 선택이 건강한 일상을 유지하는 데 상당한 영향을 미칠 것이 분명해 보입니다. 그렇다면 우리는 좋든 싫든 이러한 질문들에 대해 선택을 해야 하겠지요.

지금 여기에서, 우리는 헬스케어 AI에 대해 함께 고민해 보려 합니다. 더 좋은 선택을 하기 위해, 기술의 도움으로 건강을 누리기 위해, 나아가 그런 기술에 끌려다니지 않기 위해서요.

그 시작으로 어쩌면 여러분이 가장 궁금해할 질문을 먼저 살펴보겠습니다. 이전부터 공학자들은 이런 예측을 내놓곤 했어요. AI 로봇이 곧 인간 의사와 간호사를 대체하게 될 것이다! 헬스케어 AI에 관한 상상의 끝판왕(!)인 이 예측, 여러분은 어떻게 생각하나요?

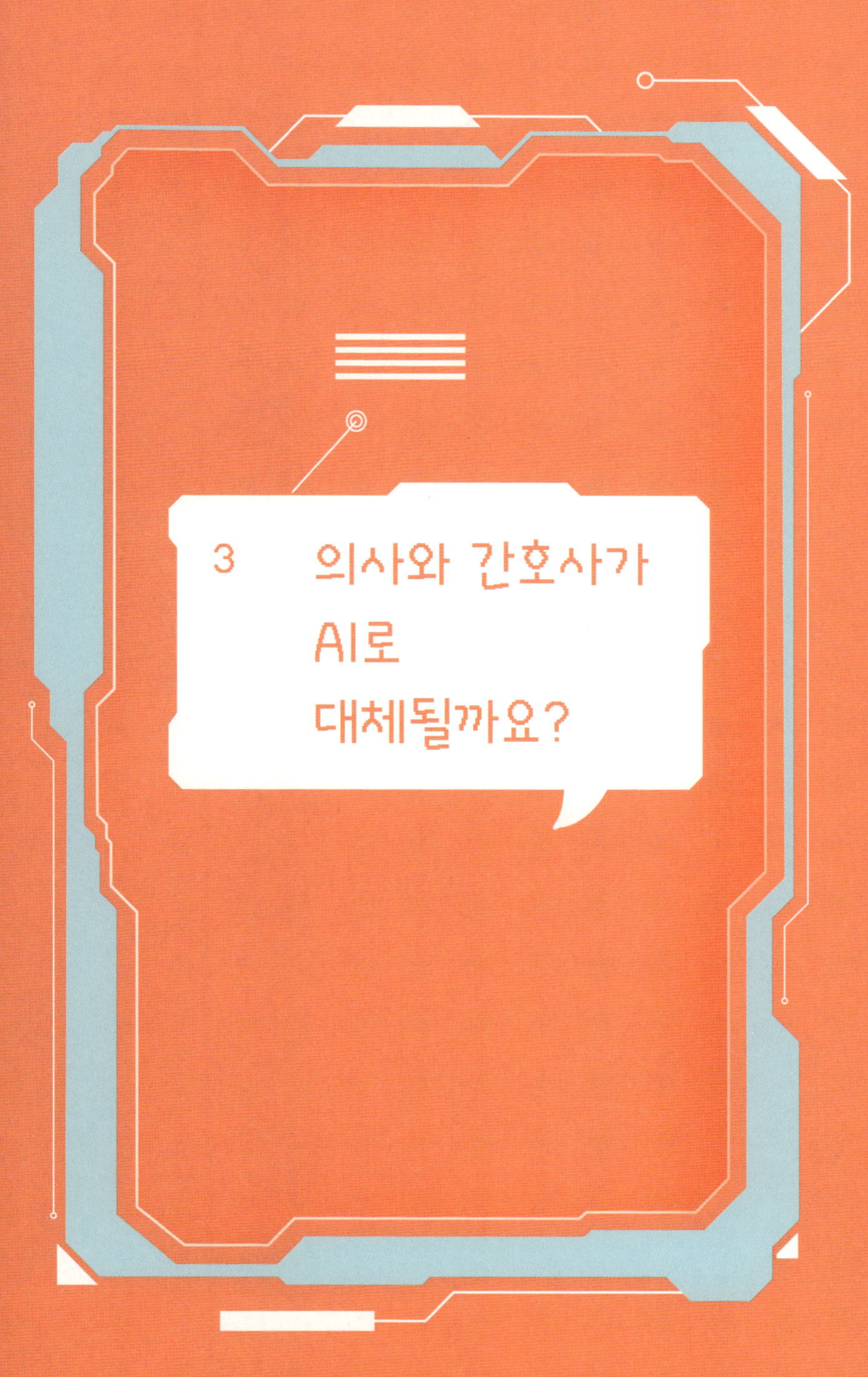

3
의사와 간호사가 AI로 대체될까요?

207X년, 병원에 간 소희는 늘 그렇듯 로봇 앞에 섭니다. 기본적인 검사 절차를 마친 로봇 '헬스케어-프로A'는 못 본 새 키가 0.5cm나 컸다며 화면에 축하의 말을 띄워요. 소희는 새삼스러운 말이라고 생각하지만 헬스케어-프로A에게 고마움을 표현합니다. 잠시 기다리자, 진료실을 안내하는 영상이 소희가 착용한 스마트 렌즈에 표시됩니다.

진료실의 침대에 눕자, 천장이 움직이며 익숙한 얼굴 형태로 변합니다. 이 병원의 의사 로봇이자 병원 자체라고도 할 수 있는 '인타이어 헬스'예요. "나는 인간처럼 생긴 로봇이랑 대화하는 게 더 좋은데…" 소희가 투덜거리지만 특유의 위력과 즉각적인 반응, 누워서 진료의 처음부터 끝까지 진행된다는 장점이 있다는 것은 지금까지 경험으로 충분히 알고 있어요. 그래서 이 병원에 찾아오는 거고요.

인타이어 헬스는 다리 통증 말고 염려되는 다른 문제는 없는지 물어봅니다. "별로? 괜찮은 것 같아"라고 소희가 대답하지요. 아, 다리 아픈 건 어떻게 알았냐고요? 이미 소희네 집에 있는 가

정용 AI가 불평을 몇 차례 들은 데다가, 소희가 AI한테 다리가 아프니 병원 예약을 잡아 달라고 말했거든요.

인타이어 헬스는 체육 시간에 무리해서 근막에 염증이 조금 생긴 것일 뿐이라며, 많이 아프면 진통제를 먹어도 되지만 파스를 붙이는 것으로 충분하다고 설명해 줍니다. "알지, 알지." 소희가 끄덕이며 덧붙여요. "파스를 바로 붙여줘도 좋을 텐데." 그렇지 않아도 준비하고 있었다며 인타이어 헬스는 소희의 아픈 왼쪽 다리에 딱 맞는 모양의 파스를 출력해 붙입니다. "이틀 뒤에는 저절로 떨어질 테니 신경 쓸 필요 없는 것 알지요?"라는 AI의 설명을 들으며 소희는 침대에서 일어납니다.

소희는 진료실, 즉 인타이어 헬스를 나오면서 궁금해집니다. '참, 이전에는 병원에 가면 인간 의사랑 간호사가 있었을 텐데 그때 진료받는 기분은 어땠을까?' 어른을 만나서 이런저런 지시에 따라야 했다면 병원 가는 게 그다지 기분 좋은 일은 아니었겠다는 생각이 머릿속을 스칩니다. '의사 선생님이랑 친해질 수도 있지 않았을까? 그러면 이런저런 이야기도 나누고 좋았을 것 같은데.'

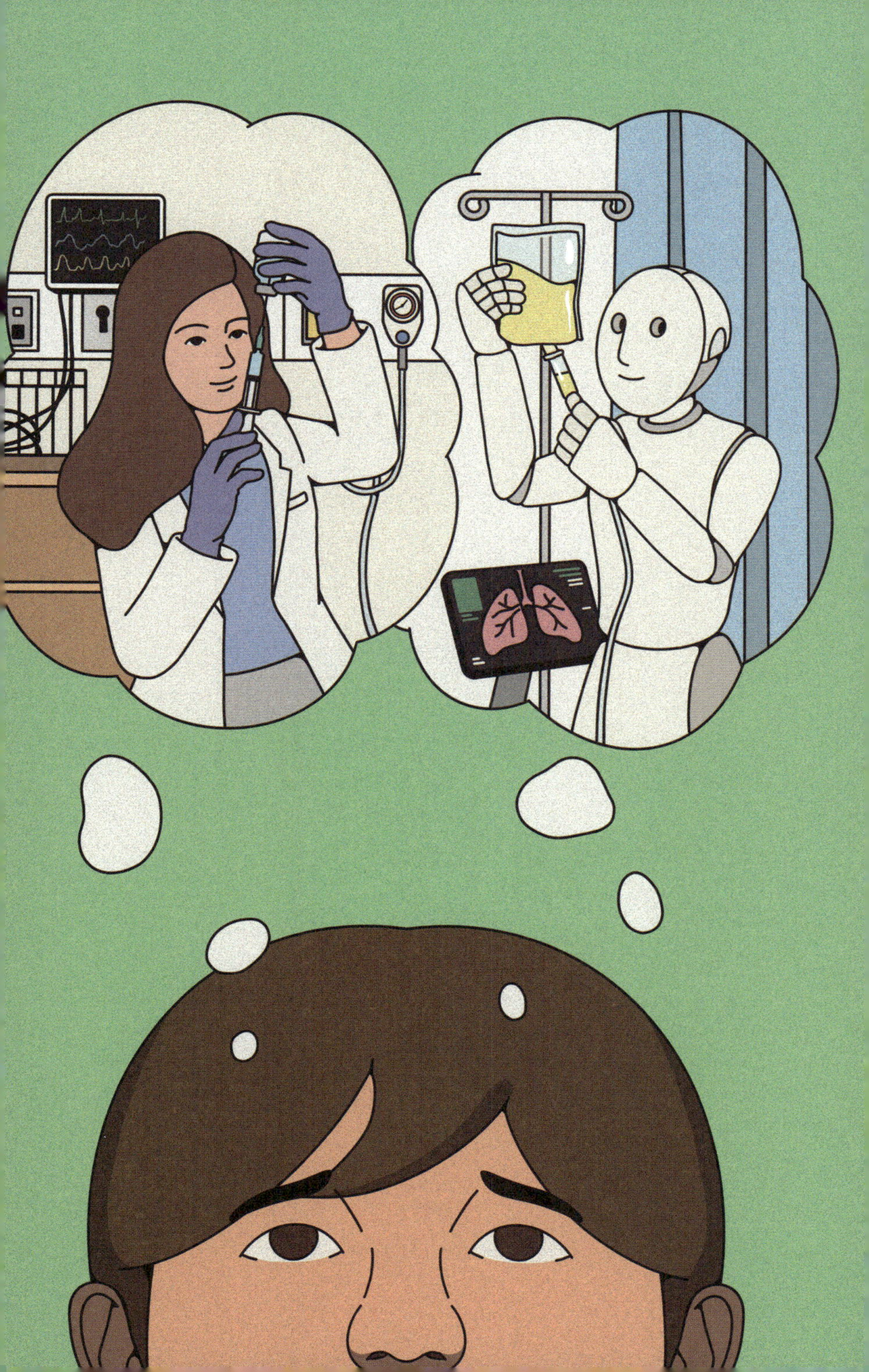

AI 로봇이 대신 일하는 상상

지금 당장 이런 미래가 오진 않으리라고 생각할지도 몰라요. 하지만 공학자와 미래학자 들은 실제로 로봇이 인간 의사와 간호사를 대체할 수 있을 뿐더러, 머지 않아 다가올 미래라고 주장해 왔습니다. 일례로 2012년에 선마이크로시스템즈 공동 창립자 비노드 코슬라가 "의사가 하는 일의 80%를 기술이 대체할 것이다"라고 주장했으며, 2025년에는 마이크로소프트 공동 창업자 빌 게이츠가 "10년 안에 AI가 의사와 교사 대부분을 대체할 것이다"라고 말했지요. 코슬라라는 이름은 익숙지 않을 수 있어도, 빌 게이츠는 많이 들어 보았지요? 그런 유명한 사람이 한 말이니 사실이 아닐까, 생각할 수도 있을 거예요.

저는 이런 주장 자체가 틀렸다고 생각하지 않아요. 과학기술이 발전하면 우리가 하는 모든 일을 AI와, AI에 기반을 둔 로봇이 대신할 수 있을 거예요. 사실 먼 미래의 일도 아니지요. 병원에서 환자 관리를 위해 계속 확인해야 하는 것 중 하나로 산소 포화도가 있어요. 산소 포화도란, 혈액에 산소가 얼마나 녹아 있는지를 가리키는 수치예요. 이 수치가 낮아지면 환자가 어떤 이유로든 호흡에 어려움을 겪고 있다는 것을 의미하지요. 사람은

산소량에 민감하기 때문에 다른 문제가 없다면 호흡이 가빠졌을 때 바로 알아채고 대응할 수 있지만, 의식이 없거나 있더라도 몸을 움직일 수 없는 환자는 호흡이 어려울 때 다른 사람이 미처 알아채지 못할 수도 있어요.

지금의 산소 포화도 측정기는 적외선을 손가락에 비춰 산소량을 측정하는 방식을 사용하며, 엄지손가락 크기의 휴대용부터, 적정 시간에 산소 포화도를 반복적으로 측정해 이상이 있을 경우 알람을 보내는 자동화 시스템까지 다양하게 발전해 왔어요. 하지만 산소 포화도 측정기가 개발되기 전에 환자 혈액 속 산소를 측정하는 것은 복잡하고 손이 많이 가는 일이었지요. 이런 예에서 볼 수 있는 것처럼, 이미 의료 환경에는 인간의 일을 대신하는 여러 장비가 도입되어 활용되고 있어요. 그렇다면, 'AI가 발전하면 AI와 로봇이 의사를 대신하겠지?' 생각하는 것도 이상하지 않아요.

다만 저는 과학기술이 의사와 간호사의 노동을 대체할 수 있느냐보다 더 중요한 질문이 있다고 생각해요. "사회와 환자가 'AI 로봇 의사'를 원할까요?"라는 질문이지요. 우리는 정말 인간 의사 대신 AI 의사에게 진료를 받고 싶어 할까요?

이 질문은 사실 헬스케어 AI에 관해 알아보는 이 책의 핵심이라고 할 수 있어요. 대개 사람들은 지금 과학기술이 무엇을 얼마

나 가능하게 할지를 궁금해합니다. 다시 말하면, '기술 제공자'의 관점에서 헬스케어 AI를 보고 있지요. 하지만 의료와 관련해서 그런 관점의 질문은 사실 부차적이에요. 더 중요한 건, 우리가 기술을 필요로 하는지, 그리고 그 기술이 우리에게 어떤 의미가 있는지입니다. 우리는 기술 제공자가 아닌 '기술 사용자'의 관점에서 헬스케어 AI를 생각해 보아야 해요. 이것을 세부적인 사례에 적용해 보기 전에, 의료라고 하는 분야에 먼저 질문을 던져 봅시다. AI 로봇 의사, 필요할까요?

인간 의사 vs AI 로봇 의사

앞에서 이야기한 AI의 미래를 떠올리면, 우리는 바로 '의사 AI = 좋은 것 = 사람들이 원하는 것'이라고 쉽게 단정하게 됩니다. 그러나 여기에 하나 더 고려해야 할 게 있어요. 바로 비용이지요. 의사 로봇이 출시된다면 당장은 상당히 비쌀 거예요. 기술 개발비부터 법적 인증 절차까지 생각하면 넘어야 할 산이 많고, 이 모든 건 개발하는 사람에게 금전적 부담이 되거든요. 그렇다면 이제 이 로봇을 누가 쓸 것인지, 즉 높은 가격에도 불구하고 사용할 사람이 누구일지를 물어봐야 합니다. 비싸니까 부자가

쓸까요?

　비싸더라도 성능이 좋으면 로봇을 사용할 사람이 있겠지요. 하지만 여기서 말하는 좋다는 것의 기준을 다시 생각해 봐야 해요. AI 로봇 의사의 경쟁 상대는 당연히 인간 의사예요(기계만이 제공할 수 있는 기능을 지닌 자동차나 스마트폰과는 다르지요!). 그렇다면 AI 로봇 의사를 만나고 싶어하는 사람은 인간 의사가 주지 못하는 무언가를 AI 로봇 의사가 주기 때문일 거고, 그래서 그 로봇이 '좋다'고 생각하겠지요.

　어떤 게 있을까요? 당장 떠오르는 것은 서비스의 접근성이나 보편성입니다. 인간 의사는 일할 수 있는 시간이 한정된 데다가, 일하는 공간도 정해져 있지요. 평소 의사를 만나기 어려웠던 사람은 AI 로봇 의사가 등장하면 더 쉽게 만날 수 있을 거예요.

　또 의료 분야마다, 의사마다 잘할 수 있는 치료가 정해져 있는데, AI 로봇 의사는 그렇지 않겠지요. 분야별 로봇 혹은 모든 치료가 가능한 로봇이 나올 테니까요. 사람마다 실력이 다른 인간 의사와 달리 로봇은 다 같은 수준의 치료를 제공할 테고요. 이런 요소는 부자들에겐 전혀 매력적이지 않을 거예요. 이미 다 누리고 있는 것이니까요.

　오히려 AI 로봇 의사가 등장하면 제일 관심을 가질 곳은 정부나 병원일 거라고 짐작할 수 있어요. 정부와 병원은 AI 로봇 의

사를 지역이나 응급실과 같이 의료 인력이 부족한 곳에 배치하려고 할 거예요. 24시간 병원을 운영할 수도 있겠지요! 의사들이 휴가를 갔을 때 대신 사용해도 좋을 테고요. 이런 점에서 비용이 좀 들더라도 감당할 가치가 있다는 생각도 들지요.

하지만 어느 날 AI 로봇 의사가 등장하더라도 모든 의사를 대체하기는 힘들 거예요. 오지, 응급실, 24시… 모두 쉽지 않은 일이지요. AI 로봇 의사는 당장 필요한 고된 일을 맡을 것으로 예상됩니다. 이 경우, 문제가 되는 부분이 있어요. 모두가 각자 원하는 방식으로 의료 서비스를 받지 못할 수도 있거든요. 누가 AI 로봇 의사의 치료를 받게 될까요? 인간 의사에게 치료를 받을 사람은 누구일까요?

건강은 특별해, 그렇기 때문에…

우리가 사는 물건이나 누리는 서비스는 자원의 희소성이나 비용에 따라 차등적으로 제공되는 경우가 많지요. 만약 모두가 똑같은 자동차를 타야 한다거나, 똑같은 옷을 입어야 한다고 하면 그 의견은 환영받기 어려울 거예요.

하지만 많은 사람이 의료 서비스는 공평하게 제공되어야 한

다고 생각합니다. 여기서 공평하다는 것은 무엇을 의미할까요? 공평함을 받아들이는 방식은 사람마다 다르답니다. 어떤 사람은 결과가 누구에게나 비슷해야 한다고 생각해요. 치료 후의 몸 상태가 비슷해야 한다는 거지요. 또 다른 누군가는 서비스가 동일하게 제공되어야 한다고 생각합니다. 갈 수 있는 병원의 수준이나 받을 수 있는 치료의 종류에 차이가 나면 안 된다는 것이지요. 또 누군가는 의료 비용이 비슷해야 한다고 생각합니다. 어느 한쪽이 절대적인 답은 아니지만, 우리는 이런 주장들을 필요에 따라 취사선택해서 받아들이고 있어요.

그럼에도 의료가 공평해야 한다는 큰 방향에 대부분이 동의하는 이유는, 건강이 다른 가치에 비해 특별하다고 생각하기 때문입니다. 여기에는 몇 가지 이유를 들 수 있지만, 일반적으로 건강하지 않으면 다른 것도 할 수 없을 것이라는 상식에 근거합니다. "건강을 잃으면 모든 것을 잃는다"라는 오랜 격언이 잘 보여 주는 것처럼요. 건강에 대한 이러한 관념을 고려했을 때, 의료가 일반적인 자원과는 다른 방식으로 제공되어야 한다는 주장은 그럴듯해 보입니다. 실제로도 그렇게 하고 있고요.

물론 모든 사람을 똑같이 치료하는 것은 불가능한 목표일지도 모르겠어요. 사람마다 몸 상태, 키와 몸무게, 몸속 장기의 기능이나 능력에도 약간씩 차이가 있는 걸요. 모두에게 똑같은 것

을 주는 것보다 각자의 필요에 맞는 것을 주는 게 더 도움이 될 거예요. 그러나 인간 의사와 AI 로봇 의사가 차이가 있다고 전제할 때(3, 40년 뒤에는 모르겠지만, 당장에는 차이가 있을 테니까요), 그리고 인간 의사보다 AI 로봇 의사가 더 단순한 형태로 작동할 것이라고 가정할 때(단순해야 안전성을 확보할 수 있을 테니, 이는 필수적인 가정이 됩니다) 누군가는 AI 로봇 의사에게만 치료를 받아야 한다면 그것은 공정하지 못해요. 이를 두고 부정의하다고 말합니다.

여러 가설을 세워 놓고 미래를 상상하는 건 현실적이지 않을지도 몰라요. 하지만 역사에 비추어 볼 때, 그리고 오늘날 의료의 작동 방식을 볼 때 이런 추측은 크게 틀리지도 않을 거예요.

종합하자면, AI 로봇 의사가 단독으로 진료를 하는 것(또는 첫 질문처럼 'AI가 인간 의사와 간호사를 대체하는 것')은 기술적 가능성과는 별개로 그 자체로 사회적 문제를 일으켜요. 재산의 소유 정도나 거주 지역 등에 따라 의료 서비스의 차등을 둔다는 뜻이지요.

AI 로봇 의사를 어떻게 활용할까요?

환자가 받게 될 의료 서비스의 차별을 막으려면 AI 로봇이 등장하더라도 일정 기간 동안에는 그것이 의사와 간호사를 대체

하는 대신 보조하는 역할을 해야 합니다. 적어도 AI 로봇 의사와 간호사가 인간과 동등한 능력을 지녔거나 그 이상이라는 것이 증명되기 전까진(!) 말이지요. 당연히 그래야 하는 것 아니냐고 생각한다면 여러분은 윤리적인 방향으로 잘 접근하고 있어요. 문제는 기술 전문가들의 인식이 그렇지 않다는 것이지요.

사실 이 지점이, 헬스케어 AI를 활용한다고 할 때 핵심적으로 논의해야 하는 부분입니다. 의료라는 자원이 가진 특수성 때문에 일반적인 분야와 다르게 접근해야 함에도, 실제로는 이를 무시하고 다른 분야와 똑같이 다루려고 하기 때문입니다.

현재 헬스케어 분야는 보통의 과학기술과 차이가 있어요. 연구를 할 땐 생명 윤리를 엄수해 기관생명윤리위원회(IRB)의 심의를 받고, 제품을 출시하려면 식품의약품안전처의 승인을 받아야 해요. 이렇게 하는 분야는 생명공학과 의과학뿐이지요. 헬스케어 AI의 연구와 개발도 마찬가지로, 다른 AI와 구분되는 방식으로 감독과 심의를 받아야 한다고 생각해요. 기술적인 관점에서는 이러한 부분을 놓칠 수 있기 때문에 우리가 함께 따져야 할 문제이지요.

가까운 미래의 병원 풍경은 AI와 로봇으로 인해 분명 달라질 거예요. 진단과 치료 환경에 AI 앱이나 장비가 곧 도입될 것이라는 예측은 전혀 이상하지 않습니다. 다만 예측에만 집중할 것이 아니라, 이런 변화가 무엇을 위한 것인지 살펴보는 게 더 중요해요. 결국 병원에서 AI를 활용하는 것이 더 나은 치료를 위해서라면, 그것은 환자에게 도움이 되는 방식으로 쓰여야 해요.

이에 대해 반대할 사람은 없을 거예요. 그렇다면 환자에게 도움이 되는 방식이란 무엇일까요? 누군가는 객관적인 건강 지표의 변화를 떠올릴 거예요. 개인에겐 혈압, 체중 등이고, 집단에겐 유병률(어떤 질병을 가진 인구 수의 비율) 등이겠지요. 그러나 이 수치들은 환자 개개인의 필요를 반영하기보다는 주로 의학적인 관점에서 본 결과입니다. 이는 결국 정확한 수치를 측정하려면 기술이 필요하다는 이야기로 귀결될 수 있기 때문에, 환자의 관점을 고려하지 못한다는 명확한 한계가 있지요.

특히 장소를 병원으로 국한하면 이와 같은 한계를 해결하기 어려운 부분이 있어요. 아무래도 병원은 환자든 의료인이든 치료에 성공해야 한다는 일차적인 관심사가 모이는 곳이기 때문이에요. 환자의 관점이나 기술 사용 윤리 등을 충분히 반영하기

어렵다는 말이지요. 그렇다면 장소를 바꿔 보면 어떨까요? 이제
는 AI 로봇 의사에 대한 이야기에서 벗어나 일상에서의 헬스케
어 AI 활용에 대해 알아보겠습니다.

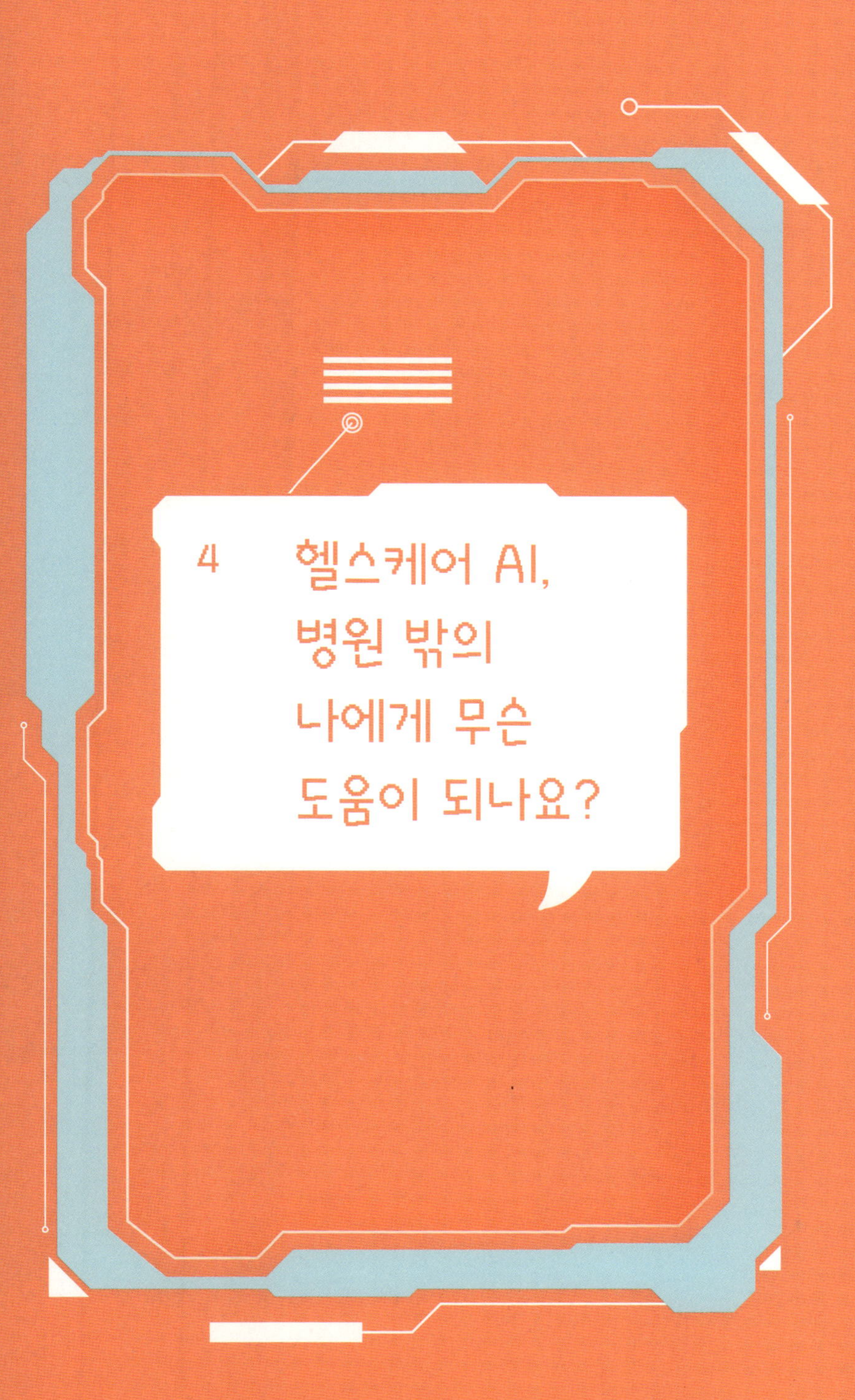
4

헬스케어 AI,
병원 밖의
나에게 무슨
도움이 되나요?

최근 챗GPT와 상담을 하는 사람들이 늘어났다고 해요. 언제 든지 고민을 들어주고, 사용자가 입력한 설정값과 선호에 맞춰 대답해 주는 데다가, 말하기 힘든 비밀도 마음껏 털어놓을 수 있 기 때문이라고 합니다. 대면 만남이 가져오는 스트레스를 굳이 상담에서까지 받고 싶지 않은 마음이 반영되는 것 같다는 생각 도 들고요. 게다가 챗GPT가 이런저런 조언을 해도, 반드시 따 를 필요는 없으니 편하기도 할 거고요.

지자체와 기업은 고령의 노인을 돌보는 데 AI를 활용하고 있 어요. 대화형 AI 스피커가 독거노인의 말동무를 해 주고, 동작 감 시 카메라를 설치해 위급 상황 시에 처치 팀이 출동할 수 있도록 하고, 약 복용 시간을 알려 주는 것 등이 대표적이에요. 요양 시 설에서도 점점 더 많이 AI와 로봇을 도입하고 있지요.

그중 반려 로봇을 좋은 사례로 들 수 있어요. 반려 동물은 돌 봄을 필요로 하며 심지어 병이 들거나 죽을 수도 있는 반면, 반 려 로봇은 그렇지 않기 때문에 노인들에게 정서적 위기를 초래 하지 않는다는 장점이 있어요. 그 밖에도 침대에서 움직이지 못

하는 분들을 위한 욕창 방지용 체위 변경 로봇이나, 사람의 체온, 습관 등을 확인하고 낙상을 방지할 수 있는 스마트 침대 등이 최근 도입되고 있지요.

한편, 요즘에는 많은 사람이 스마트워치를 차고 생활합니다. 이런 웨어러블 스마트 디바이스에는 착용자의 신체 징후를 측정할 수 있는 센서가 내장되어 있어요. 대표적으로 심박수, 심전도, 산소 포화도, 고도, 수심 등을 측정할 수 있고, 하루 종일 착용자의 상태를 확인하는 것도 가능하지요. 실제로 워치 덕분에 심장 이상을 발견한 사람의 사례도 있었고요.

이렇듯 헬스케어 기기를 통해 병원 바깥 일상에서 AI를 살펴보면, AI와 건강에 관한 문제들이 직관적으로 다가옵니다. 더 친숙하고 공감할 수 있는 예시를 많이 만나 볼 수 있기도 하고요.

나만의 건강 매니저

AI는 건강과 관련하여, 이전에 병원에서만 이루어지던 진단과 치료의 한계를 넘어설 수 있다는 특징을 지니고 있어요. 병원 밖의 건강이란 무엇을 의미할까요?

누군가 병에 걸렸다고 할 때, 우리는 흔히 외상이나 감염병을

떠올립니다. 넘어져서 큰 상처를 입거나 바이러스 때문에 감기에 걸린 모습 등이지요. 이런 병들의 특징은 다음과 같아요. 먼저, 명확한 원인(충격, 바이러스)이 존재해요. 이런 원인으로 인해 특정 시점(사고, 감염) 이후, 전에는 없었던 몸의 변화가 나타납니다. 그렇기에 치료(상처 소독, 드레싱, 봉합, 항생제 투여 등)는 원인을 해결하는 데 초점을 맞춥니다. 원인이 제거되면 병은 사라지지요.

그런데 사실 이런 종류의 병은 이례적이라고 할 수 있어요. 많은 질병에는 환자의 유전적 특성, 생활 습관, 환경 등 여러 요인이 영향을 미칩니다. 그렇기에 딱 하나의 원인만 해결해서 그 병을 낫게 할 수는 없어요. 나은 것처럼 보여도 다시 발병할 수 있지요.

예컨대, 충치를 생각해 볼까요? 충치는 입안의 세균이 음식을 분해할 때 배출하는 산성 물질에 의해 치아 표면이 녹는 현상이에요. '세균을 없애 버리면 충치가 안 생기겠지?' 하고 생각하기 쉽지만, 오히려 충치가 훨씬 잘 생깁니다.

우리 몸의 각 부분, 그리고 입안에는 미생물들이 서로 영향을 주고받으며 함께 살아가고 있어요. 그중에는 충치를 일으키는 세균과 그렇지 않은 세균이 있지요. 세균을 다 죽여 버리면(선택적으로 죽이는 건 불가능합니다!) 충치의 원인균이 재발하는 속도가 훨씬 빨라지기 때문에 오히려 충치가 더 잘 생기는 것이지요. 따라

서 충치를 일으키지 않은 세균이 활발히 활동할 수 있도록 유도하는 게 더 중요해요. 이와 관련해서 지금 우리가 할 수 있는 일은, 식후 일정한 간격으로 양치하는 습관을 가지는 것이고요.

그런데 습관과 행동을 바꾸는 건 도전적인 일이에요. 스스로 결심해도 습관을 바꾸기 어려운데, 남이 시켜서 바꾸는 건 더 어렵겠지요. 그렇다면 어떻게 해야 할까요? 심리학과 신경과학에서는 습관을 바꾸는 데는 굳은 결심보다 사소한 신호들이 중요하다고 주장해요. 길에 쓰레기를 버리지 못하게 막으려면 "쓰레기를 버리면 안 됩니다!"라고 외치며 돌아다니는 것보다, 사람들이 쓰레기를 잘 버리는 곳에 눈알 스티커를 붙여 두는 게 낫다는 말이지요. 사람들은 누가 볼지도 모른다는 신호에 반응해 행동하기 때문에, 스티커가 경각심을 줄 수 있거든요.

여러 예를 들 수 있겠지만, 핵심은 사람들의 습관에 영향을 미치려면 누군가 옆에 붙어서, 때론 귀찮게 알려 줘야 한다는 거예요. 그러니 부모님이 공부해라, 숙제해라, 방 치워라… 잔소리를 늘어놓는 것은 사실 심리학과 신경과학에 기반한, 매우 전략적인 행동으로 이해할 수 있어요.

하지만 현실적으로 건강과 병에 대해 누군가 따라다니면서 평생 잔소리를 해 줄 수는 없지요. 병을 치료하려면 생활 습관과 환경의 변화가 무척 중요하다는 것을 우리는 익히 알고 있지만,

달리 방도가 없기에 손을 대지 못했어요. 결국 치료는 병원이라는 한정된 공간에서만 이루어졌고, 병원 밖에서 일어나는 일에 의료가 개입하지 못했다는 말이지요. 비록 공중보건 정책이 사람들의 건강을 향상시키기 위해 국가와 지역사회 단위에서 시행되었지만, 이것은 개인이 아닌 인구 집단, 즉 다수를 대상으로 한 노력이었기에 개개인에게 미치는 효과는 언제나 물음표였어요.

그러나 이제 우리에게는 건강 잔소리꾼이 생겼습니다. 스마트폰과 웨어러블 기기가, 심지어 챗봇이 건강에 대한 조언을(실은 잔소리를) 계속 해 줄 수 있는 환경이 만들어지고 있어요. 물론 그 효과는 엄밀한 연구를 통해 증명해야겠지만, 지금까지 지식을 바탕으로 할 때 이런 AI의 건강 개입은 의료를 바꿀 분명한 힘을 지니고 있어요. 이전에는 접근 불가능하다고 생각했던 건강 관련 습관과 환경도 관리 가능한 요소가 되고 있다는 뜻이지요. 이제 의료의 범위가 병원을 넘어 일상생활로 확장된다는 의미이기도 합니다.

AI의 잔소리가 귀찮겠지만, 우리 모두 건강해질 수 있다면 좋은 일이겠지요? 하지만 마냥 긍정적으로만 볼 수는 없어요. 헬스케어 AI의 잔소리, 혹시 우리의 사생활을 과도하게 침해하지는 않을까요?

'개인의 사적인 일'이라는 뜻의 사생활이라는 단어는 일상에서 자주 쓰지만 뜻이 모호한 말이기도 해요. 어떤 일들이 사생활에 포함될까, 생각해 보면 쉽게 정리되지 않을 거예요. 그 반대말인 '공생활'만 해도 무엇이 공적인 일인지 구분하기 어렵지요.

하지만 헬스케어 AI를 이야기하려면 그것이 사생활에 미치는 영향을 검토해야 합니다. 사생활을 구성하는 것은 크게 공간적 측면입니다. 다른 사람들과 공유하는 공적 공간과 구분되는 사적 공간, 그리고 그 안에서 이루어지는 행위를 의미해요. 쉽게 말하면 우리 집, 내 방이 되겠지요. 밖에서 행동할 때와 집 안에서 행동할 때 우리는 다른 규칙을 따르고, 집 밖에선 절대 하지 않을 일들을 하기도 합니다. 예를 들면, 집에선 잠옷 차림으로 돌아다니거나 소파에서 뒹굴 수 있지만, 남들 앞에선 절대 그러지 않겠지요.

다른 사람에게 보여 주지 않는 신체 부위도 있어요. 예컨대, 심한 덧니로 입을 가리고 말하는 친구가 있다면, 우리는 그것을 사생활의 영역으로 구분할 수 있지요. 사생활은 비밀에 포함되지만, 그렇다고 비밀과 같은 말은 아니에요. 시험 성적은 비밀이

지만, 사생활이라고 할 수는 없지요. 결국 사생활이란 타인이 보거나 간섭할 수 없는 나만의 범위를 의미해요. 그 범위는 사람마다 다를 수 있지요.

건강과 관련된 행동도 주로 사생활의 영역에 위치해요. 누군가 이를 잘 닦으라고 권할 순 있지만, 잘 닦아야 하니 매번 따라와서 이 닦는 걸 검사하겠다고 하면 우리는 그가 심각하게 사생활을 침해한다고 생각할 거예요. 화장실 사용 습관이나 몸무게 측정, 약 복용 등의 행위를 누군가 지속적으로 관찰하고 기록한다면 어떨까요? 도움을 주기 위한 것이라고 해도 가혹한 감시로 여겨질지도 모르겠어요.

사실 의료는 타인이 개입하면 안 되는 사적 영역을 치료라는 이유로 침범합니다. 병원에서 검사를 받을 때를 떠올려 볼까요? 우리 몸에 청진기를 대거나 아픈 부위를 눌러 보거나 입 안을 살펴보는 일을 만약 병원 밖에서 누군가 하겠다고 하면 우리는 거부를 넘어 경찰에 신고할지도 몰라요. 이런 생각은 건강과 질병에 대한 개입이 사적 영역에 있는 일임을 잘 보여 줍니다. 그리고 헬스케어 AI가 건강에 도움을 준다는 말은 그만큼 사적 영역에 AI가 침범할 것이라는 점을 전제하고 있다는 사실도요. 맞아요. 헬스케어 AI가 건강에 도움이 되려면, 그것이 사생활에 간섭해야 해요. 이전에 의료가 개인의 건강에 영향을 미치는 습관

이나 환경에 적극적으로 개입하지 못했던 것은, 그런 영역이 사생활에 속한 때문이기도 했고요.

여기에서 딜레마가 발생합니다. 건강을 관리하자니 사생활 침해가 걱정되고, 사생활을 너무 신경 쓰면 결국 헬스케어 AI가 별다른 도움이 안 될 것 같아요. 무엇보다, AI는 기본적으로 데이터를 수집하고 처리하는 알고리듬이므로, 사생활에 속하는 데이터가 AI 시스템으로 넘어가야만 처리가 가능하다는 문제가 발생하지요. 병원에선 이런 정보를 병원 관리 체계와 의료인의 책임으로 두기 때문에 어느 정도 감시·감독이 가능하지만, 일상생활에서 사용하는 헬스케어 AI도 같은 방식으로 다룰 수 있을까요?

헬스케어 AI, 책임감 있게 활용하려면

헬스케어 AI를 감시하기란 만만치 않을 거예요. 병원이나 의료인처럼 그 역할에 대한 명확한 기준이 없기 때문에, 엄격하게 관리한다거나 사생활 침해에 대해 문제를 제기하기가 쉽지 않아요. 다시 처음 질문, 즉 어디까지가 사생활 혹은 사적 공간인지를 말하기 어렵다는 점이 문제가 되는데, 이는 기술 발전으로

인해 더 복잡해진 측면이 있어요.

예컨대, 사업이나 공익 목적으로 제작한 것이 아닌 개인의 사진이나 동영상은 이전까지 사생활 영역에 속하는 것이었어요. 그런데 이제 SNS에 사진이나 동영상을 올리는 게 너무 당연한 일이 되었어요. 많은 사람이 볼 수 있는 인터넷 공간이 등장하면서부터 사생활이라고 하기 복잡해진 것이지요.

인터넷의 발달은 사적 공간과 공적 공간의 구분을 허물었어요. 그리고 이 상황은 헬스케어 AI의 사생활 침해 문제를 이야기할 때도 동일하게 적용됩니다. 이전처럼 엄격하게 공사를 구분하기 어려운 상황에서 굳이 사생활 침해를 따질 필요가 있냐는, 조금 과격한 주장까지 가능하다는 뜻이지요.

하지만 경계가 흐려졌다고 해서 없어진 것은 아니에요. 사생활 침해를 판단하기는 복잡하지만, 여전히 허용 가능한 개입과 허용할 수 없는 침해를 구분할 수 있어요. 바뀐 것이 있다면 이전처럼 단순한 기준이 아니라, 조금 더 복잡한 검토가 필요해졌다는 것이겠지요. 유튜브와 인스타그램의 시대라고 해도, 우리에겐 남에게 보여 주고 싶지 않고 때론 보여 줄 수도 없는 삶이 존재해요. 아무리 AI가 발전해서 우리의 습관을 개선해 줄 수 있다고 해도, 반드시 넘지 말아야 할 선이 있어야겠지요.

그런데 기준이 복잡해졌다면 어떤 기준을 따라야 할까요? 여

러 관점으로 이야기할 수 있겠지만, 저는 각자가 그 기준을 따져 보아야 한다고 생각해요. 어디까지 삶을 내보일 수 있는지는 개인마다 다르겠지요. 누군가는 모든 것이 인터넷에 공개되어도 괜찮다고, 오히려 그쪽을 선호한다고 말할 수도 있을 거예요. 반면, 누군가는 꼭 필요한 경우가 아니면 내 삶은 나의 손안에만 머무르면 좋겠다고 생각할 수도 있어요. 마찬가지로 건강을 위해서 나에 관한 모든 부분을 AI가 알고 조언이나 충고를 해 주면 좋겠다고 생각할 수도 있지만, 어떤 사람은 AI가 내 삶에 최소한으로 개입하면 좋겠다고 바랄 수도 있지요.

다만 개개인의 선택이 헬스케어 AI에 대해 잘 모르는 채, 찰나의 인상이나 막연한 억측으로 이루어져서는 안 돼요. 그럴 경우 헬스케어 AI가 꼭 필요한 사람이 제대로 도움을 받을 수 없거나, 반드시 활용할 필요가 없는 사람이 굳이 사용해서 자원을 낭비할 수도 있으니까요. 우리는 헬스케어 AI에 대해 조금 더 자세히 알 필요가 있어요. 헬스케어 AI가 무엇인지, 그리고 그것을 어떻게 사용하는 것이 좋은지에 대해서요. 이 둘을 합쳐서 우리는 헬스케어 AI 리터러시라고 부릅니다. 그럼 이제 헬스케어 AI 리터러시가 무엇인지 알아볼까요?

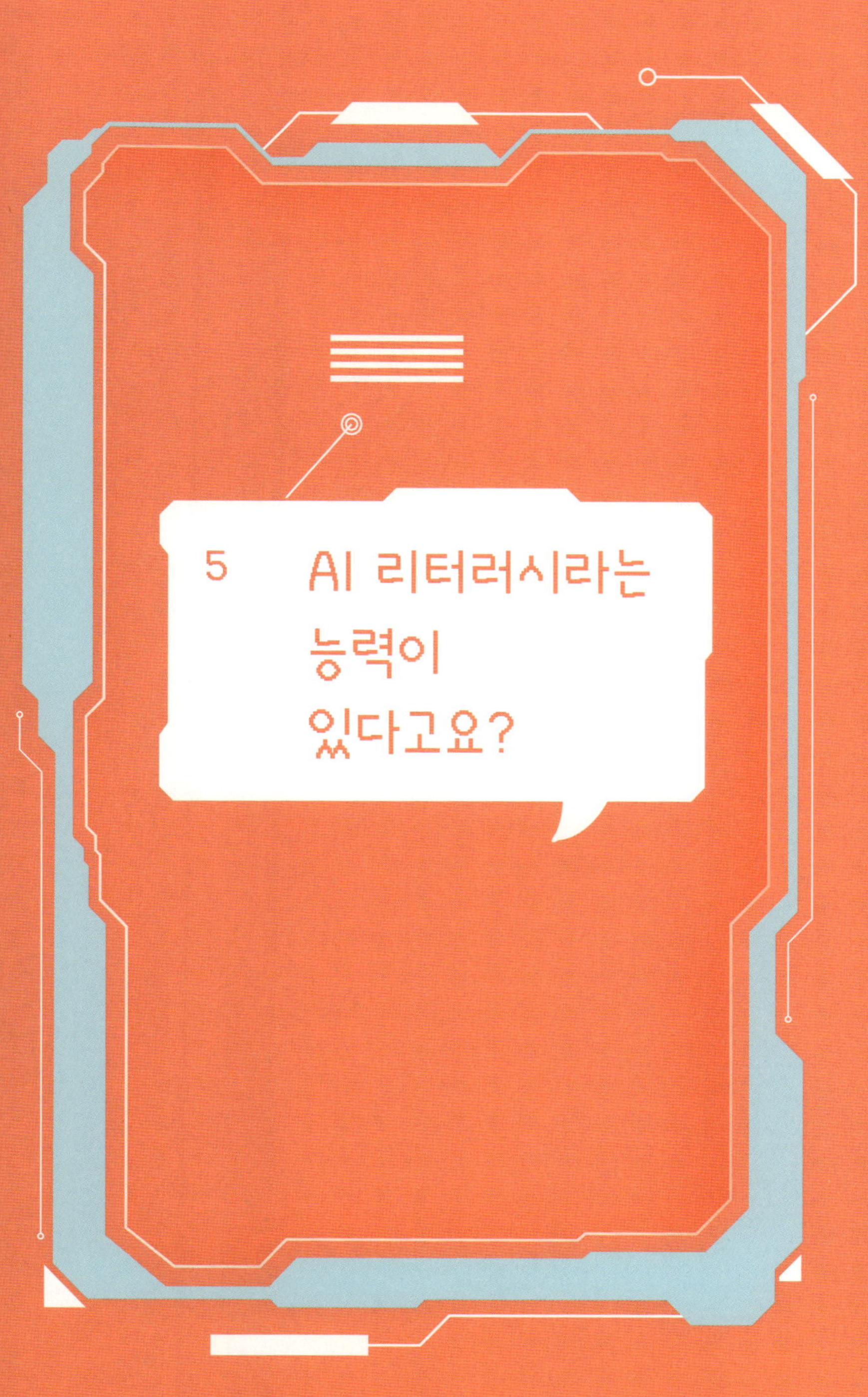

5   AI 리터러시라는
능력이
있다고요?

먼저, 리터러시라는 단어를 살펴볼게요. 조금 더 익숙한 표현에서부터 시작해 보자면, '문해력'이라는 말은 한 번쯤 들어봤을 거예요. "사람들이 책을 안 읽어서 큰일이야!"라고 할 때 짝꿍처럼 등장하는 표현이지요.

사람들은 콘텐츠를 보는 것을 좋아합니다. 볼 만한 것이 책밖에 없던 시절, 자연스럽게 사람들은 글을 이해하는 능력을 갖게 되었어요. 그런데 이제 점점 더 사람들이 영상을 보는 데 많은 시간을 들이고, 심지어 복잡한 내용도 글보다는 영상을 통해 접하려고 하지요. 그렇다면 보통 사람들에게 복잡한 글을 이해하는 능력은 이제 꼭 길러야 하지도, 반드시 필요하지도 않은 것일까요?

하지만 여전히 글은 어려운 지식을 표현하고 공유하는 가장 효율적인 방법입니다. 영상으로 표현하려면 너무 길어지는 데다가, 글보다 몇 배의 노력이 들 테니까요. 영상을 구성하고 실제로 만들기까지는 상당한 시간이 걸립니다. 따라서 지금도 많은 정보가 글의 형태로 전달되고 있습니다. 글을 이해하기 위해

노력하지 않는 경향이 점점 더 커지고 있는데, 여전히 어떤 정보들, 특히나 어려운 정보들이 글로 제공된다는 것이지요 여기에서 틈이 벌어지는 것 같아요. 다른 방식으로 말한다면 쉬운 글과 어려운 글만 남고 중간 위치에 있던 글들이 사라지고 있다고나 할까요? 글을 잘 읽지 않으려는 보통 사람들에게는 이 격차를 뛰어넘기가 어렵겠지요.

따라서 글을 이해하는 능력이 꼭 필요하다는 것에 아직 많은 사람이 동의하고 있습니다. 이때 사용하는 표현이 바로 문해력이지요. 문해력이란 문자 그대로, 글을 해석할 수 있는 능력을 말합니다. 쉬운 글에 대해선 굳이 적용될 필요가 없으니 문해력은 어려운 글에 필요한 힘이겠지요. 여기에서 글이 어렵다는 것은 사용된 단어나 개념 들이 생소하거나 문장이 복잡하다는 뜻일 거예요. 그러니 문해력은 결국 두 가지 의미입니다. 어려운 단어와 그 배경지식을 알고 있다는 것, 복잡한 문장 구조를 이해할 수 있다는 것. 이 두 가지 힘을 갖춘 사람이라면 크게 힘들이지 않고 어려운 책도 읽을 수 있겠지요. 이전에 교육방송에서 "당신의 문해력"이라는 캠페인을 진행했던 게 떠오르네요. 여기에서도 "책을 읽자"를 강조했어요.

리터러시 이해하기

그렇다면 문해력이 곧 리터러시(literary)일까요? 물론 리터러시를 번역하는 말 중 하나가 문해력이긴 하지만, 사실 리터러시와 문해력은 차이가 있어요. 문해력은 앞에서 말한 것처럼 주로 글을 이해하는 능력에 초점을 둡니다. 얼마나 정확하게 이해할 수 있는지가 중요하지요. 과거에는 문맹 개념에 대응해 리터러시라는 표현을 사용하기도 했지만, 오늘날 리터러시는 글을 이해하는 능력과 더불어 글을 써서 자신의 생각을 표현하는 능력을 두루 가리킵니다. 즉, 리터러시는 이해력과 활용 능력을 포함하는 개념이에요.

최근에는 '미디어 리터러시'라는 말도 많이 쓰고 있어요. 미디어 리터러시라면 글뿐만 아니라 라디오, TV, 영화, 온라인 매체 등의 미디어를 잘 이해하고 또한 활용할 수 있는 능력을 가리키겠지요. 예컨대, SNS를 어떻게 잘 이해하고 활용할 수 있을지 고민해 보고, 그 방법을 검토하는 것도 미디어 리터러시입니다.

그리고 지금 우리가 주목할 것은 AI 리터러시입니다. AI 리터러시란 무엇을 의미할까요? AI가 제공하는 내용을 쉽게 해석할 수 있는 능력은 아닐 거예요. 그건 이미 AI가 대신해 주고 있으

니까요. 예컨대, 챗GPT에게 어떤 내용을 좀 더 쉽게 설명해 달라고 요구하면, 챗GPT가 그에 따른 답을 제공하지요. AI 리터러시란, 거꾸로 그런 AI의 대답에 대해 한번 더 생각해 볼 수 있는 능력입니다. 즉, AI가 내놓은 결과를 비판적으로 바라보고 검토할 힘을 가지고 있는지가 중요하지요.

AI가 주는 답을 그대로 받아들이면 왜 안 되는 걸까요? 환각(hallucination)이라는 표현을 들어 본 적 있을 거예요. 이는 챗GPT와 같은 생성형 AI가 확실하지 않은 내용에 대해 모르겠다고 대답하는 대신, 새로운 내용을 만들어서 대답하는 현상을 말해요. 문제는, 오류가 있는 내용임에도 말을 그럴듯하게 지어내기 때문에 읽는 사람이 그걸 사실로 받아들인다는 데 있지요.

AI의 성능이 향상되면서 점점 줄어들고 있긴 하지만, 환각 현상은 여전히 나타나고 있어요. 현재의 생성형 AI에서 환각 현상을 없애는 것은 불가능해요. 그러니 사용자는 이 부분에 대해 인지하고 AI가 내놓는 답이 틀릴 수도 있으니 꼭 점검해야 한다는 생각을 가져야 합니다. 나아가, AI의 오류를 줄일 방법을 파악하고, 그에 따라 AI 서비스를 사용해야 해요. 이때 필요한 지식과 행동 방식을 AI 리터러시라고 불러요.

범위를 더 좁혀서, 헬스케어 AI를 대상으로 하는 이런 지식과 활용 능력을 헬스케어 AI 리터러시라고 합니다. 헬스케어 AI가

무엇이고 어떤 특징을 가지고 있는지 아는 것을 넘어, 자신의 필요와 요구에 맞게 도구들을 활용할 수 있는 능력이지요.

시민의 권리로서 헬스케어 AI 리터러시

'AI 리터러시만 있으면 되지 굳이 헬스케어 AI 리터러시까지 필요할까?'라고 생각하는 사람도 있을 것 같아요. 하지만 헬스케어 AI는 특수성을 가지고 있기 때문에 반드시 구분해서 접근해야 해요. 일반적인 AI와 달리, 헬스케어 AI는 인간의 건강을 다루기 때문입니다.

건강을 다루는 게 그렇게 큰 문제냐고요? AI가 뭐라도 해 주면 좋은 게 아니냐고 생각할 수도 있을 것 같아요. 예를 들어, AI로 심리 상담을 해 준다고 하면 좋은 점이 먼저 떠오르지요. 상담 비용이 부담되는 사람 또는 시간이 안 맞아서 상담을 받을 수 없는 사람에게 AI 상담은 도움이 될 테니까요.

하지만 몇 가지 생각해 볼 점이 있어요. 첫째, AI 상담이 사용자에게 실제로 도움이 될까요? 당장 고민을 털어놓을 수 있어 좋다는 차원을 넘어, 정말로 AI가 상담받는 사람의 정신 건강을 개선할 수 있는지 확인이 필요해요.

둘째, 부작용은 없을까요? 최근 AI 챗봇에게 이런저런 고민을 나누던 사람이 챗봇이 해 주는 왜곡된 이야기들을 사실로 받아들여 오히려 정신적 어려움을 겪는 경우가 있다고 해요. 심지어 AI와의 대화에 빠져 현실 감각을 상실하는 새로운 증상, 'AI 정신증'까지 나타나고 있다고도 하지요. 그렇다면 AI는 상담을 해 주는 게 아니라 오히려 대화 상대에게 잘못된 생각을 심어 준다고 봐야 하겠지요. 일례로, 미국의 한 청소년이 AI를 이용해 상담을 하다가 극단적인 선택을 해서 큰 충격을 주기도 했습니다.

셋째, AI 활용이 현재 상황을 악화시킬 가능성은 없을까요? 이는 아직 모든 사람이 편하게 쓸 수 있다고 보장할 수 없는 상황에서, 섣불리 어떤 기술이 기존 서비스를 대체할 때 나타날 수 있는 일이에요. 예를 들어, 정부에서 대면 상담 대신 AI 상담 서비스를 제공할 수도 있어요. 물론 기존에 운영하던 대면 상담에 더해 신규로 제공할 수도 있겠지만, 한정된 예산 때문에 둘 중 하나만 선택하는 경우도 가능하지요. 이 경우, AI 챗봇 사용에 익숙하지 않은 사람은 상담 서비스를 받기 어려울 거예요.

건강을 다루는 기술은 사용자의 건강을 증진시킬 수 있어야 해요. 다른 서비스처럼 그저 편리하거나 재미있다는 이유로, 또는 새로운 방식이라는 이유로 제공해서는 안 되지요. '반드시 건강을 증진해야 하나?' 하는 생각이 들지도 모르겠어요. 기술에

과도한 요구를 하는 것일 수도 있으니까요. 지금까지는 어디에서 사용하느냐에 따라 이 문제에 다르게 접근해 왔답니다. 이를테면 병원 기구는 반드시 건강을 증진시켜야 하지만, 개인이 쉽게 구할 수 있는 기구는 '건강을 증진시킬 수도 있다'는 가능성만 있어도 판매 허가를 받을 수 있어요. 예컨대, 치과에서 사용하는 미백 제품과, 개인이 시중에서 구입할 수 있는 미백 치약은 그 효과나 안전성 면에서 상당한 차이를 보여요.

그렇다면 헬스케어 AI는 어떨까요? 앞에서 살펴본 여러 예시처럼, 헬스케어 AI는 병원을 넘어 일상생활에서도 작동할 것으로 기대되고 있어요. 따라서 지금까지의 병원용, 가정용 기기처럼 사용하는 공간에 따라 규제할 수 없겠지요. 즉, 의사가 쓰는 AI와 일반인이 쓰는 AI에 큰 차이가 없으므로, 규제를 통해 문제를 예방하는 방식은 더 이상 통하지 않겠지요.

이때 필요한 것이 사용자의 활용 능력, 즉 리터러시입니다. 이제는 의료 전문가의 지시에만 의존하는 수동적인 환자가 아니라, AI의 활용과 더불어 '능동적 사용자'로 거듭날 시점이 아닐까요? 그렇다면 어떻게 AI를 현명하게 활용할 수 있을까요? 우리 각자가 AI라는 도구를 잘 이해하고, 때로는 비판적으로 검토하며, 그에 대한 의견을 제기할 수 있어야 합니다.

왜 의사나 간호사뿐만 아니라 우리도 AI에 대해 더 잘 알아야 할까요? AI라는 도구는 우리 모두가 알고 있듯 우리 삶에 강력한 영향을 미칠 잠재력을 가지고 있습니다. 따라서 현명하게 사용할 필요도 커졌지요. 조금 더 상세히 검토하기 위해, '기술'에 관해 더 생각해 보려 합니다. 누군가는 '기술이면 그냥 쓰면 되는 거 아냐? 잘못 쓰는 사람이 나쁜 것이고 어떻게 쓰느냐가 문제지, 기술 자체에 대해 알 필요가 있나?'라고 의문을 가질 수 있기 때문입니다.

AI 리터러시만 보면 최근 논의되는 이야기라고 생각할 수 있지만, 좀 더 근본적으로 기술과 사회의 관계에 대한 논의는 이전부터 있었습니다. 사실 우리가 기술에 관해 깊이 생각하게 된 지는 그리 오래되지 않았어요. 적어도 근대 초기까진 그럴 이유도 별로 없었지요. 하지만 제국주의 시대가 지나고 세계 대전이 벌어지면서 사람들은 깨닫습니다. 자동차, 비행기, 칼과 총, 그리고 이것들을 만들어 낸 과학기술이 우리 삶을 좌우하고 심지어 방향을 바꿀 수도 있다는 것을요.

기술을 바라보는 철학적 관점은 다양하지만 크게 두 가지를

중심으로 살펴보려고 해요. 하나는 기술을 도구로 봐야 한다는 입장입니다. 기술이 발전해서 터미네이터와 같이 인류를 몰살시킬 수 있는 AI 로봇이 만들어졌다고 해도, 기술은 우리가 손안에서 마음대로 다룰 수 있는 수준, 즉 도구에 머물러야 한다는 것이지요. 그리고 사실, 이렇게 주장하는 사람들은 애초에 터미네이터 같은 건 만들면 안 된다고 생각합니다. 도구로 존재해야 할 것이 도구의 역할을 넘어서게 될 수 있기 때문입니다.

다른 하나는 기술은 언제나 인간과 세계 사이를 매개해 왔다는 입장입니다. 즉, 기술이 우리가 세계를 만나는 방식에 영향을 미치고 심지어 그 방식을 결정하기도 한다는 거예요. 예를 들어, 똑같은 숲길을 걸어서 갈 때, 자전거로 갈 때, 자동차를 타고 갈 때 받는 느낌은 상당히 다를 거예요. 속도감이 다르기도 하지만, 두 발로 서 있을 때, 자전거 위에 있을 때, 차 안에 있을 때 시야나 초점을 맞추는 대상도, 향기와 촉감도, 심지어 떠올리는 생각도 달라지지요. 우리는 세상을 '직접' 만나지 않고 늘 무언가를 통해서 만나게 됩니다.

이처럼 기술이 인간과 세계를 매개한다면, 혼자서 결정을 내린다는 생각은 착각일지도 모르겠어요. 모든 결정은 우리가 처한 상황과 기술에 직간접적으로 영향을 받을 테니까요. 그렇다면 기술을 그저 도구라고만 생각할 수 없는 것 아닐까요?

다른 예로 스마트폰을 들어 볼까요. 우리는 스마트폰을 단순한 전화기, 문자 전송기, 인터넷 뷰어 등으로 생각하기 쉽지만, 실제로 스마트폰은 우리의 행동과 생각을 바꾸고 있습니다. SNS 앱은 새로운 알림을 보내 주의를 끌도록 설계되었고, 무한 스크롤 기능은 계속 화면을 주시하게 만듭니다. 잠깐 스마트폰을 켰을 뿐인데 어느새 한 시간이 지나간 경험을 해 본 적이 있을 거예요. 이것은 스마트폰의 설계가 시간 사용과 주의 집중 방식 등 우리 삶의 선택지를 통제하고 있음을 의미합니다. 자유롭게 선택한다고 생각하지만, 사실은 기술이 우리의 선택을 유도하고 있어요.

저는 '매개'라는 안경으로 기술의 문제를 바라보는 데 익숙해요. 이렇게 바라볼 때 기술은 마음대로 다룰 수 있는 도구를 넘어, 우리의 생활과 행동, 생각에까지 폭넓게 영향을 미치는 대상임을 인식할 수 있습니다. 심지어 기술이 인간과 완전히 분리되어 있다고 말하기도 어렵지요. 기술에 대한 주의와 관심은 이 시대를 살아가는 현대인에게 필수적입니다. 어느 때보다도 AI라는 기술에 대한 주의와 관심이 요구되고 있지요.

여기 기술의 영향력을 보여 주는 또 다른 사례가 있습니다. 1967년 12월 3일, 남아프리카의 한 병원에서 의학적으로 중요한 사건이 일어났어요. 세계 최초로 심장 이식 수술에 성공한 것이지요. 심각한 심장병으로 죽음을 앞둔 환자에게, 의사는 교통사고로 뇌 기능이 정지된 25세 여성의 심장을 이식했어요. 9시간에 걸친 대수술은 성공했습니다.

하지만 이 역사적인 수술은 의학계에 큰 논란을 불러일으켰어요. 가장 큰 문제는 심장을 제공한 여성이 정말 죽은 상태였는지에 대한 것이었지요. 그는 교통사고로 뇌에 심한 손상을 입어 의식을 잃었지만, 인공호흡기의 도움으로 여전히 숨을 쉬고 있었고 심장도 뛰고 있었거든요. 전통적인 기준으로는 아직 살아 있는 사람이었습니다. 그렇다면 그의 심장을 떼어 낸 것이 과연 옳은 일이었을까요? 이 질문은 전 세계 의사와 윤리학자 들 사이에서 뜨거운 논쟁거리였어요.

이것이 문제가 되는 이유는, 장기이식에 성공하려면 심장이 뛰고 숨을 쉬는 기증자의 장기가 필요하기 때문이에요. 심장박동과 호흡이 멎으면 우리 몸의 세포와 장기는 빠르게 기능을 멈

추기 때문에 장기이식이 불가능합니다. 하지만 1967년 당시, 우리는 심장박동과 호흡 여부를 기준으로 사람의 생사를 판단했습니다. 그러니 장기이식을 하려면 아직 살아 있는 사람으로부터 장기를 떼어 내야 한다는 말이 됩니다. 하지만 산 사람의 장기를 떼어 낼 수는 없는 노릇이지요. 그건 살인이니까요.

고민 끝에 여러 학자가 도출한 답은 죽음을 재정의하는 것이었어요. 뇌의 기능이 멈춘 사람, 즉 지금 우리가 '뇌사'라고 부르는 상태에 있는 사람도 죽은 사람으로 보자는 결정을 내립니다. 바꿔 말하면 1960년대까지만 해도 뇌 기능이 멈췄다고 해서 그 사람이 죽었다고 생각하지는 않았다는 뜻이에요. 그러나 현대 사회에서 사고 및 인식 능력의 중요성과 장기이식의 가치 등을 생각할 때, 뇌사라는 새로운 죽음의 기준을 만들 필요가 있다고 판단한 것이지요.

이 사례는 기술의 발전이 심지어 죽음의 정의까지도 바꿀 수 있음을 보여 줍니다. 일반화한다면, 기술은 우리의 가치 판단을 변화시켜 왔어요. 그리고 헬스케어 AI는 다른 기술보다 인간의 가치에 더 큰 영향을 미치는 기술로 평가할 수 있어요. 건강 자체도 가치 판단이 크게 작용하는 문제인데다가, 그 이전의 어떤 기술보다도 우리의 판단에 직접 영향을 미치는 AI의 특성 때문이기도 하지요.

앞으로 다섯 가지 문제, 정보 소유권, 통제권, 의학적 신뢰, 투명성, 편향을 통해 헬스케어 AI가 우리에게 미치는 영향과 문제를 검토해 볼 거예요. 단어들이 어렵지만 걱정할 필요는 없어요! 구체적인 이야기들을 통해 살펴볼 테니까요. 자, 탐색을 시작합시다.

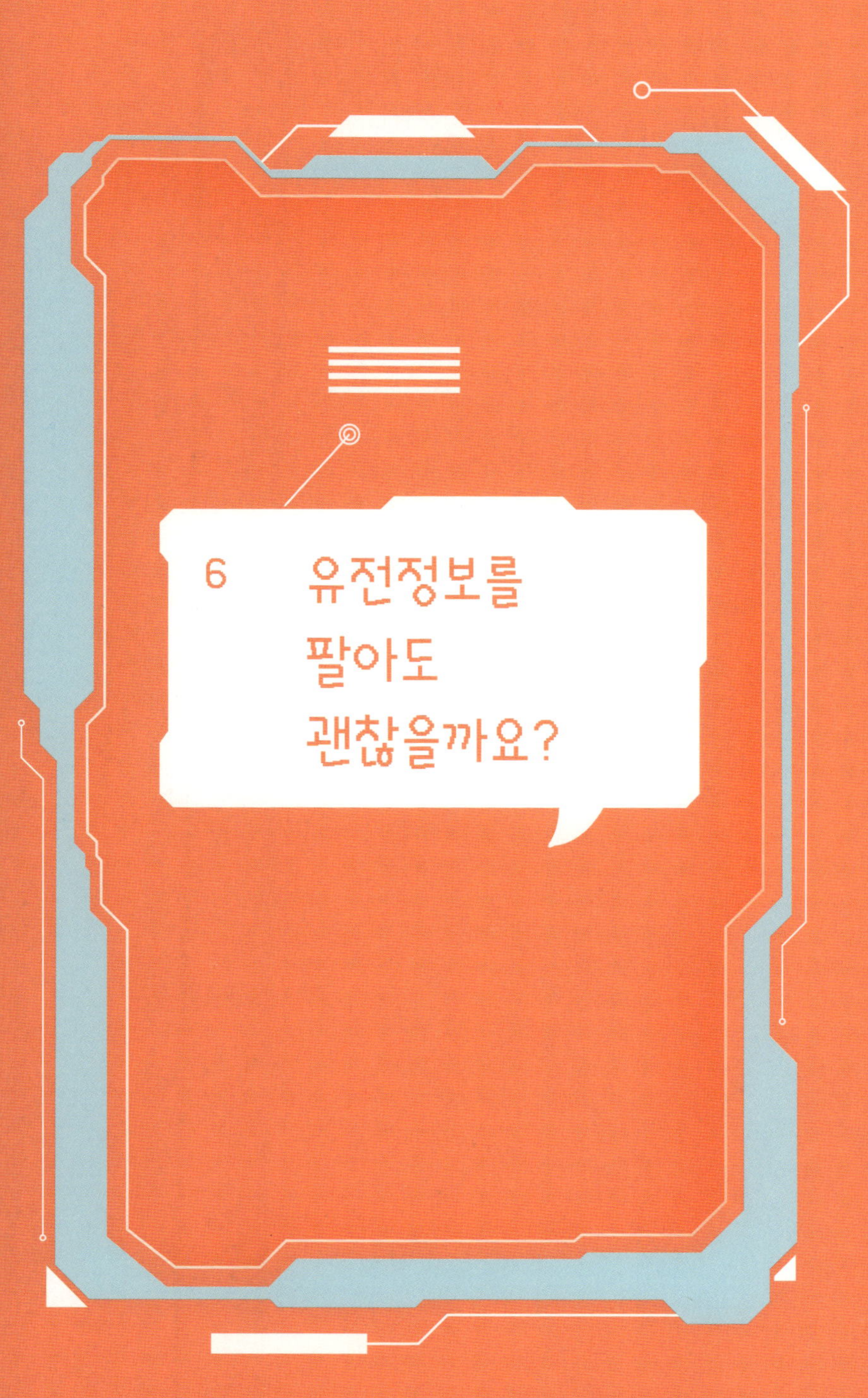
6

유전정보를
팔아도
괜찮을까요?

‘네뷸러 지노믹스’에 대해 들어 보았나요? 하버드 의과대학의 유명한 유전학자 조지 처치 교수가 공동 창립한 회사예요. 2018년부터 블록체인 기술을 이용해 전체 유전체 정보를 확인하는 기술을 제공하고 있지요. 이 회사는 고객이 자신의 이름, 주소 같은 개인정보를 전혀 공개하지 않고도 유전정보를 받아 볼 수 있는 익명 서비스를 운영합니다. 고객들은 암호화폐를 사용해 그 값을 결제하거나 선불 신용카드를 사용할 수 있으며, 우체국 사서함을 통해 검사 키트를 받아 익명성을 철저히 유지할 수 있어요.

네뷸러 지노믹스의 서비스는 다른 유전 검사와 차이점이 있어요. 서비스 사용자들이 자신의 유전정보를 연구자들에게 제공하면 ‘네뷸러 토큰’이라는 암호화폐로 보상을 받을 수 있지요. 특정 질병의 가족력이 있거나 희귀병을 앓고 있는 사람의 유전정보는 해당 분야를 연구하는 제약 회사나 학술 연구진에게 매우 가치 있는 데이터이기 때문입니다. 따라서 이들이 전체 검사 비용을 대신 지불하고 데이터를 구매하기도 해요. 사용자는 토

큰을 통해 자신의 유전정보에 접근할 수 있는 권한을 완전히 통제할 수 있지요. 또한 토큰은 나중에 그 유전정보를 토대로 중요한 의학적 사실이 발견될 경우 가치가 상승하는 구조로 설계되어 있어요.

유전정보와 헬스케어 AI

약 33억 쌍의 DNA로 이루어진 인간 유전체 지도가 완성된 것은 2003년 '인간 유전체 프로젝트'의 결실이었어요(최근에 빠뜨린 부분을 발견하고 추가 연구가 진행되긴 했지만요). 우리는 이제 우리 몸을 만들어 내는 설계도라고 할 수 있는 유전정보에 대해 꽤 많은 것을 알고 있고, 원한다면 검사를 통해 내 유전정보가 어떻게 이루어져 있는지도 확인할 수 있어요.

한편, 유전정보는 상당히 복잡해요. 하나하나 맨눈으로 비교해서 염기 서열의 차이가 건강과 질병에 미치는 영향을 파악하기엔 한계가 있지요. 따라서 AI의 힘을 빌려 정보를 분석하고 질병을 예측하는 기술이 빠르게 연구 중입니다. 하지만 이런 AI 기반 연구에 언제나 따라오는 전제 조건이 있어요. 많은 유전정보를 확보해야만 AI 훈련을 통해 유효한 결과를 얻어 낼 수 있다

는 것이지요.

　이로 인해 많은 사람이 환자의 유전정보를 얻어 내는 데 관심을 가지고 있어요. 일단 정부 차원에서 10만 명에서 많게는 100만 명 단위의 유전체 정보를 모아 빅데이터를 만드는 사업이 진행 중입니다. 한국은 '국가 바이오 빅데이터 구축'이라는 이름으로, 미국, 영국, 오스트레일리아, 중국 등은 이미 '바이오 뱅크'라는 이름으로 자국민의 유전체를 수집해서 데이터베이스로 만들었어요. 당연히 기업에서도 유전체 정보 수집에 관심이 높습니다. 다양한 의료 연구에 참여하면서 그 과정에서 참여자의 유전체 정보를 확보하고자 노력하고 있답니다.

　그런데 이렇게 환자의 정보를 모으면 여러 한계가 있어요. 국가에서 수집한 데이터는 보통 공익, 연구 목적으로 사용 동의를 받기 때문에, 이 데이터를 통해 수익을 낼 수 있는 앱이나 치료 장비 등을 만드는 데 어려움이 있습니다. 기업은 이 데이터를 자유롭게 사용하고 싶어 하지만 환자로서는 굳이 자신의 데이터를 공개할 필요가 없겠지요. 그렇다면 유전정보를 사고팔 수 있는 시장을 만드는 건 어떨까요? 기업과 환자에게 모두 이득이 되지 않을까요?

　유전정보를 제공하는 사람은 명확한 금전적 이득을 얻을 수 있고, 기업은 정당하게 구입한 정보를 연구나 개발 등에 자유롭

SOLD

게 활용할 수 있을 거예요. 양쪽의 욕구를 충족시켜 줄 확실한 방법이지요. 물론 하나 더 고려할 게 있어요. 아직 우리는 개인의 유전정보가 미래에 얼마만큼의 가치를 지닐지 알 수 없어요. 예를 들어, 제가 노화 방지 유전자를 가지고 있다고 해 봅시다. 지금 저는 그것의 가치를 모릅니다. 심지어 기업도 알지 못하지요. 일반적인 시장에서 유전자를 거래한다면, 나중에 제가 가진 유전자의 가치가 밝혀진다 하더라도 그 값을 받을 수는 없을 거예요. 이미 거래가 끝났으니까요.

그래서 비트코인과 같은 전자화폐 방식을 유전정보 거래에 도입하기도 해요. 제공한 유전정보의 대가로 전자화폐를 지급받는 것이지요. 당장은 아니더라도 추후 그렇게 제공한 유전정보에서 엄청난 가치가 발견된다면, 전자화폐의 가격도 폭등할 거예요. 익히 알려진 것처럼 전자화폐는 익명으로 거래가 가능하는 장점이 있어요. 앞서 살펴본 네뷸러 지노믹스와 네뷸러 토큰이 바로 이런 사례지요.

여러 문제를 동시에 해결할 수 있는 유전 시장이라면, 당연히 활용해야 할 것 같아요! 이 시장을 뒷받침해 줄 AI 기술은 지금도 급격하게 발전하고 있으니, 유전정보만 모이면 헬스케어 AI를 통해 희귀병을 정복할 날도 멀지 않은 듯해요.

유전정보 활용의 명과 암

이렇게 희망적이기만 하다면 얼마나 좋을까요! 하지만 유전 정보는 독특한 특성을 지니고 있어 다른 정보와는 달라요. 우리는 지금도 친자 혹은 신분 확인을 위해 유전자 검사를 활용하지요. 맞아요. 유전정보는 그 자체로 개인 식별 기능을 지니고 있어요. 이름표를 붙여 놓지 않더라도, 유전체 데이터만으로 누구인지 확인할 수 있다는 뜻이죠.

이런 유전정보의 식별 가능성이 좋은 쪽으로 사용되었던 예로 '골든 스테이트 킬러' 체포가 있어요. 골든 스테이트 킬러는 1970, 80년대에 미국 캘리포니아에서 살인과 강간 등을 저지른 범인으로, 체포되지 않았지요.

그런데 40년 가까이 지난 2018년, 미국 경찰은 한 남성을 골든 스테이트 킬러 용의자로 지목합니다. 경찰은 이전에 범죄 현장에 남아 있던 유전정보를 최근에 만들어진 유전정보 데이터베이스와 비교하여, 범인의 친척을 찾아내는 방식으로 사건에 접근했어요. 유전체의 특정 부분이 비슷하면 우리는 두 사람이 혈연관계에 있다고 추측할 수 있기 때문이지요. 오랜 시간이 흘렀지만 유전정보와 데이터베이스의 도움으로 경찰은 범인을 체

포했고, 그에게 유죄를 선고할 수 있었습니다.

이런 사례를 보면, 유전정보는 우리에게 도움이 되는 것 같아요. 하지만 40년 전 현장에 남은 증거가 꼭 범인만을 식별하리라는 보장은 없지요. 1998년 영화 〈가타카〉는 이런 유전 검사가 어떻게 악용될 수 있는지를 잘 보여 줘요. 영화는 유전 검사, 그리고 그에 따른 배아 선택이 일반화된 가까운 미래 세상을 그리고 있어요. 즉, 좋은 유전적 특성을 가진 아이만 낳는 사회라고 할 수 있지요.

이런 유전 검사와 선택을 거치지 않고 태어난 주인공 빈센트는 청소부 외에는 할 수 있는 일이 없습니다. 그가 사는 사회는 유전 검사 결과로 직업을 배정하고, 이른바 '나쁜' 유전적 특성을 가진 사람에게 중요한 일을 맡기지 않거든요. 하지만 그에겐 꿈이 있어요. 우주탐사팀의 일원이 되어 우주로 나가는 것입니다. 그의 유전정보로는 불가능한 일이지요. 그는 어떻게 해야 할까요?

영화는 주변 사람들의 도움으로 빈센트가 어떻게 시스템을 속이고 꿈을 이루는지 그려 내요. 하지만 애초에 유전정보로 차별하는 사회가 잘못된 것은 아닐까요? 개인의 신체적 특징이나 정서적 기질, 질병 발생 가능성만으로 사람을 재단하고 기회조차 주지 않는다면 심각한 문제 아닐까요?

이렇듯 유전정보를 사고판다는 것은 상당히 복잡한 일입니

다. 앞선 두 사례는 유전정보의 활용이 어떤 식으로든 우리에게 영향을 미칠 가능성을 잘 보여 주지요. 유전정보가 앞으로 어떻게 쓰일지 알기 어려운 상황에서 이를 고려하지 않고 거래를 승인한다면, 훗날 우리에게 위험한 영향을 미칠 수 있어요.

게다가 골든 스테이트 킬러 사례가 보여 준 것처럼 유전정보의 제공은 단지 제공자 개인에게만 영향을 미치는 일이 아닙니다. 유전정보를 공유하는 이들, 즉 가족과 친척도 그 영향권에 있다는 사실을 생각해야 하지요. 하지만 이 또한 과연 어떤 영향을 미칠지 잘 모른다는 것이 현재로서는 가장 정확한 답일 거예요.

우리는 불확실한 위험 요소, 즉 벌어질 수도 있지만 가능성이나 피해의 크기를 확신할 수 없는 일을 염려하여 안전책을 세워야 한다고 말합니다. 하지만 꼭 그래야 할까요? 하늘이 무너질까 봐 염려하는 격은 아닐까요?

사실 이런 불확실한 문제에 대해 우리는 분야마다 다른 방식으로 접근하고 있어요. 재난이나 환경 문제는 설사 불확실하더라도 예상되는 피해가 워낙 크기 때문에 보수적으로 접근하려고 해요. 반면 일반적인 상품이나 광고, 나아가 인터넷 서비스나 앱의 경우에는 명확한 피해가 입증되어야만 그 판매나 사용을 제한하지요.

하나 더 생각해 볼 것은, 유전정보 활용으로 인한 피해가 불

균등하다는 점이에요. 예를 들어, 돈이 많은 사람은 굳이 자신의 유전정보를 팔고 싶지 않을 거예요. 호기심으로 시도할 만한 일은 아니니까요. 일차적으로 돈이 없는 사람이 유전정보 판매자가 되겠지요. 그렇다면 결과적으로, 가난한 사람의 유전정보가 시장에서 공유되고 공개될 가능성이 상당히 높아요. 만약 그렇다면 유전자 검사가 대상자(및 혈연 관계에 있는 사람)의 경제력을 파악하는 수단으로 악용될 가능성도 배제할 수 없어요. 누군가의 유전자 검사 결과가 시장에 조금이라도 올라온다면 그는 빈곤할 가능성이 높기 때문입니다.

또한, 가난한 사람들의 유전적 특성을 토대로 이들에게 불리한 보험 정책을 만드는 것도 가능하겠지요. 부유한 사람들은 유전정보를 판매하지 않음으로써 자신에게 이득이 되지 않는 사항은 최대한 숨기려고 하겠지요. 이런 예상은 그야말로 최악의 시나리오지만, 최근 전장 유전자 검사를 통한 배아 선별 프로그램을 제공한다는 외국 스타트업의 소식은 염려가 현실이 될 가능성을 뒷받침하고 있어요.

어떤가요, 여전히 불확실한 미래에 대한 지나친 기우로 느껴지나요? 다음 장에서 정보 소유권에 대해 알아보며 생각을 구체화해 봅시다.

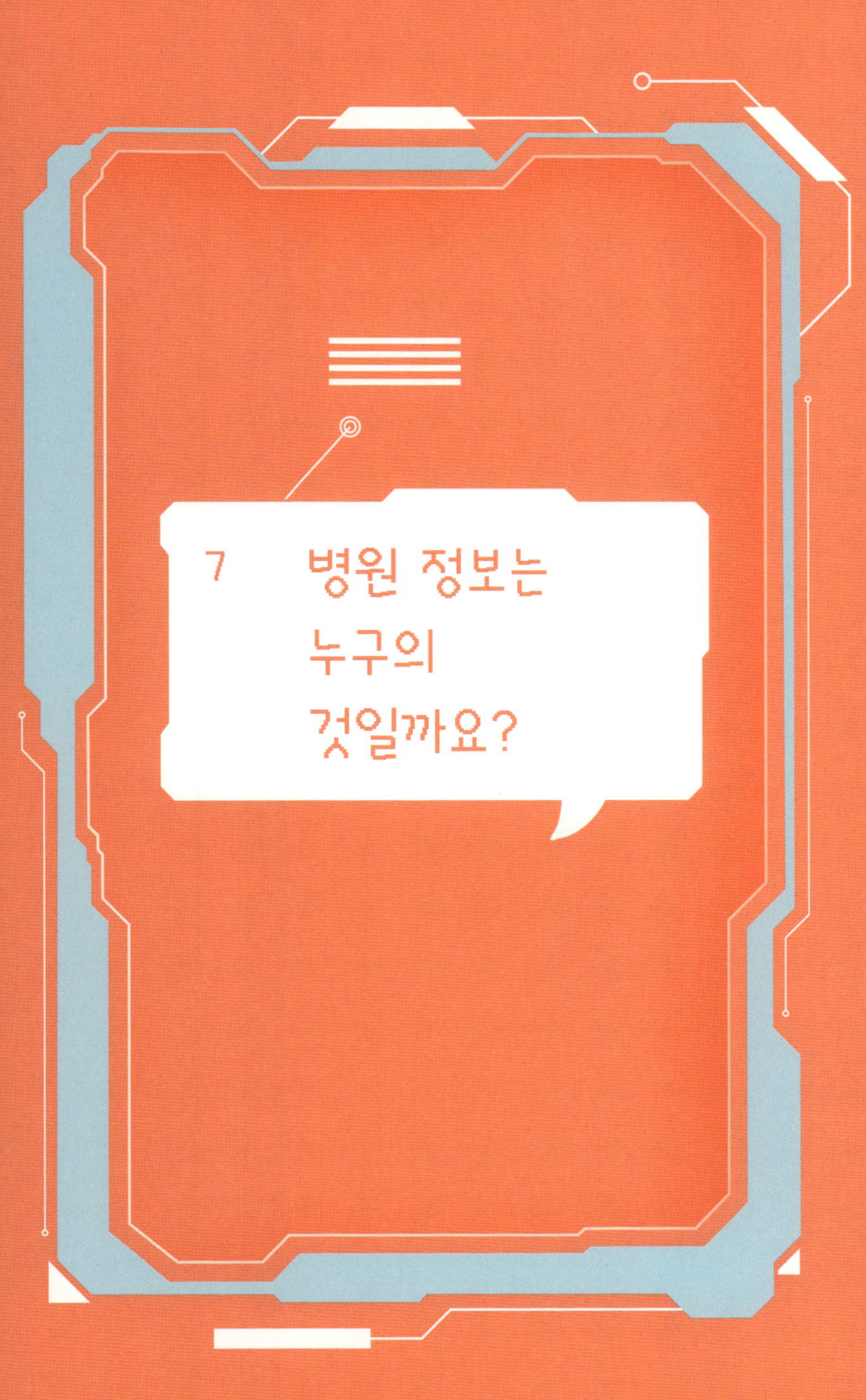
7   병원 정보는
누구의
것일까요?

2015년, 구글의 AI 회사인 딥마인드가 영국의 한 공공 병원과 계약을 맺어 160만 명 환자들의 데이터에 접근권을 얻었습니다. 이때 공유된 데이터에는 치료 날짜, 병력, 진단 내용은 물론 민족, 종교, 에이즈 감염 여부, 약물 중독 상태, 임신중절 여부 등 매우 민감한 정보까지 포함되어 있었어요. 딥마인드는 이 정보를 활용해 급성 신부전증(콩팥의 기능이 갑자기 떨어지면서 나타나는 증상)의 위험을 예측하는 스마트폰 앱 '스트림즈(Streams)'를 개발하겠다고 선언합니다. 환자의 생명을 구하려는 목적으로 정보를 수집한 것이지요. 하지만 여기에는 큰 문제가 있었습니다.

가장 심각한 문제는 환자들이 자신의 정보가 딥마인드에 넘어갔다는 사실을 전혀 몰랐다는 점이에요. 환자들의 동의를 구하지 않은 것이죠. 2017년 영국의 정보감시기구는 이 거래가 개인정보보호법을 위반했다고 판결했습니다. 환자들은 딥마인드에 집단소송을 제기했고, 많은 사람이 "아무리 좋은 목적이라도 동의 없이 내 병원 정보를 사기업에 넘겨서는 안 된다"라며 분노했어요.

한편, 딥마인드는 나중에 '구글 헬스'라는 기업에 흡수되었는데요. 이에 따라 환자 정보가 거대 기술 기업의 손에 들어갔다는 우려가 더욱 커졌습니다. 이 사건은 AI를 개발할 때 개인정보를 매우 신중하게 다루어야 한다는 교훈을 남긴 대표적인 사례가 되었어요.

병원에서 탄생하는 환자의 정보

지금도 병원에선 수많은 데이터가 만들어지고 있어요. 환자가 병원에 방문하면 의료진은 환자의 세세한 측정값을 담은 자료, 의무기록을 작성해요. X선 영상, 피검사 결과 같은 검사 자료들은 환자를 대상으로 무언가를 측정한 결과지요.

이런 측정 결과를 데이터라 하고, 데이터에 해석을 더한 것을 정보라고 불러요. 사실 병원에서 생성된 데이터는 엄밀히 (병원) 정보라고 불러야 해요. 모든 자료가 의료진의 해석을 통해 축적되기 때문입니다. 저장할 필요가 있는지, 환자에게 좋은 것인지 나쁜 것인지, 병과 관련이 있는지 없는지 등 모두 의료진의 판단이 개입되지요.

이전에는 이런 정보에 별 관심을 두지 않았어요. 오히려 의료

기관에 부담이 되는 자료였지요. 별로 쓸 데도 없는데 관리하기도 복잡하고(의료기관이 이런 정보의 보관에 대한 책임을 지거든요), 많이 쌓이면 특정 정보를 찾아내기도 어려웠기 때문입니다. 의료기관에 컴퓨터가 도입되면서 자료 찾기는 쉬워졌지만, 정보 유출과 해킹에 대한 걱정으로 이어졌어요.

지금은 어떨까요? 불만과 걱정보단 이런 정보를 어떻게 활용할 수 있을지에 관심을 두고 있답니다. 맞아요. AI가 등장하면서, 병원에 쌓인 환자 정보를 통해 많은 것을 알아내고 얻을 수 있으리라고 기대하고 있어요. 또한, 많은 사람이 말하는 것처럼 AI 시대에 데이터는 '금'이에요. 병원 정보는 말할 것도 없지요.

게다가 헬스케어 AI가 발전하고 본격적으로 환자 진단과 치료에 활용되려면 지금보다 훨씬 많은 데이터를 모아야 해요. 챗GPT나 기타 사례가 보여 준 것처럼, 뛰어난 AI의 개발에는 다른 무엇보다 좋은 데이터의 확보가 가장 중요합니다. 현실에서 획득하는 데이터는 우리가 원하는 것처럼 잘 정리된 자료가 아닐 수 있어서, 많은 데이터를 모아 필요한 부분을 선별해야 하지요. 게다가 병원 정보에 더해, 이전에는 굳이 신경 쓰지 않았던 데이터까지 모아야 할 수도 있어요.

이런 데이터와 정보가 많이 모인 곳, 그리고 계속 생성되는 곳으로 병원과 정부 기관을 꼽을 수 있어요. 병원 정보니 병원에

는 당연히 많겠지만, 정부 기관은 왜 가지고 있을까요? 대표적으로 우리나라의 건강보험공단은 환자의 보험 치료 및 처방 내역을 보관하고 있는 곳이에요. 이런 정보를 잘 활용해서 시민과 환자를 도울 수 있도록 연구를 지원하고 있답니다.

병원 정보 활용, 무엇이 문제일까요?

그런데 만약 무언가를 활용해서 새로운 것을 만들려면, 그 대상이 다른 이의 창작물이어거나 그에게 속한 것이어선 안 돼요. 명확한 창작자가 있는 영화나 소설, 음악을 우리 마음대로 사용, 변형해서 새로운 작품을 만들 수 없어요. 그것은 저작권 위반이지요.

또, 개인을 명확히 확인할 수 있는 정보, 즉 개인정보를 마음대로 사용하거나 변형하면 안 됩니다. 예를 들어, 누군가 제 주민등록번호나 전화번호를 마음대로 공개하거나 인터넷 게시물의 일부로 포함해선 안 되는데, 그것이 개인정보 침해이기 때문이에요. 물론 대상이 동의했다면 괜찮겠지만요.

환자 데이터 또는 병원 정보는 이보다 더 복잡해요. 명확한 창작자가 있는 영화나 소설과 달리, 병원 정보는 누가 만들었는

지 특정하기 어렵습니다. 당연히 환자 없이 병원 정보가 만들어질 수는 없겠지요.

한편으로는 그것을 기록해 둔 의료진 없이도 마찬가지로 만들어질 수 없는 것이죠. 의무기록, 즉 '병원 차트'는 환자가 아닌 의사나 간호사가 기록합니다. X선 영상을 환자 본인이 직접 촬영할 수는 없지요. 게다가 영상의학과 의사의 판독을 거쳐야만 영상 데이터는 치료에서 유의미한 정보가 됩니다. 여러 사람의 손을 거쳐야 정보가 만들어진다는 특징이 일차적으로 병원 정보를 복잡하게 만들지요.

병원 정보는 원치 않게 공개된 경우 대상자에게 피해를 입힐 가능성도 있어요. 만약 내 주민등록번호가 유출된다면 그 번호가 범죄에 악용될 수는 있지만, 주민등록번호 자체가 나의 약점이 되는 건 아니에요. 그런데 정신건강의학과에 다닌 적이 있는 사람들은 보통 진료 기록을 숨기려고 해요. 우리 사회가 아직 정신건강의학과에서 치료받은 병력에 대해 낙인을 찍고 있기 때문인데요. 그것이 잘못된 일인 것과는 별개로 정신건강의학과 치료 기록은 그 사람에게 부정적인 견해를 만들 수 있어요.

국내에선 관련 논의가 이루어진 적이 없지만, 외국에선 보건의료 계열 직군에 취직하는 사람은 비흡연자여야 한다는 규정을 만들려고 했던 사례가 있었어요. 이것은 환자 건강과 기관의

안전을 위한 조치였지만, 흡연자를 부당하게 차별한다는 비판을 받았어요. 특히 흡연자가 금연을 위한 도움을 받는 것을 가로막는다는 문제 제기가 이루어졌지요. 취직을 하려면 흡연 사실을 감추고, 금연 치료를 받았다는 기록을 남기면 안 되니까요!

이렇듯 병원 정보는 저작권을 따지기도 어렵고, 활용할 경우 추가로 고려해야 할 것도 많아요. 게다가 현재 우리가 가진 병원 정보 자체에도 문제가 있어요. 지금까지 우리가 모은 정보가 모든 사람을 대표하지 못한다는 것이지요. 모든 사람을 대표하지 못한다는 게 무슨 의미일까요?

병원 정보는 병원에 온 환자들의 정보예요. 그렇다면 병원에 오기 어렵거나 오지 못한 사람들의 정보는 그 안에 포함되어 있지 않을 거예요. 또는 이전에 질병이라고 생각하지 않았던 증상들도 정보에 기록되지 않았겠지요. 반대의 경우도 있을 거고요. 이런 사례가 생각보다 많다는 게 문제가 됩니다. 예를 들어, 거동이 어려운 장애인은 병원에 오기 어려울 수 있어요. 또한 희귀 질환은 이전에 질병이라고 생각하지 못했던 경우가 많고, 심지어 그 사례도 드물기 때문에 병원 정보에 많이 남아 있지 않아요. 게다가 성소수자의 젠더 인식을 '질병'으로 여겼던 무지한 시절도 있었지요.

여기서는 한 가지만 짚고 넘어갈게요. 이렇게 편향된 자료를

그대로 활용하면 헬스케어 AI가 특정 집단에 대한 차별과 불이익을 가져다주는 결과를 낳을 수 있어요. 뒤에서 이 문제를 자세히 다루기로 하고, 이번 장에서는 '누가 이 정보를 쓸 권리가 있는가'에 좀 더 초점을 맞춰 이야기해 볼게요.

병원 정보는 환자의 것일까요?

단도직입적으로 말하면, 병원 정보는 한 사람이 단독으로 소유한다고 말하기 어렵습니다. 더 정확하게 표현하면 병원 정보는 '권리의 다발'이에요. 즉, 서로 다른 주체가 서로 다른 권리를 나눠 갖습니다.

환자는 정보의 주체로서 자신의 건강 정보에 접근하고, 잘못을 바로잡고, 활용에 동의하거나 거부할 수 있는 '통제권'을 가집니다. 연구나 2차 이용에 대해 정보를 알고 선택할 권리도 여기에 포함됩니다.

의료진과 의료기관은 기록을 작성하고 보관할 의무와 함께 원본을 관리하고 감사·분쟁에 대비할 책임이 있습니다. 임상적 안전을 위해 필요한 범위의 이용 권한도 갖지만, 목적을 벗어난 활용은 제한됩니다. 또, 보건 당국은 감염병 대응, 통계 작성 등

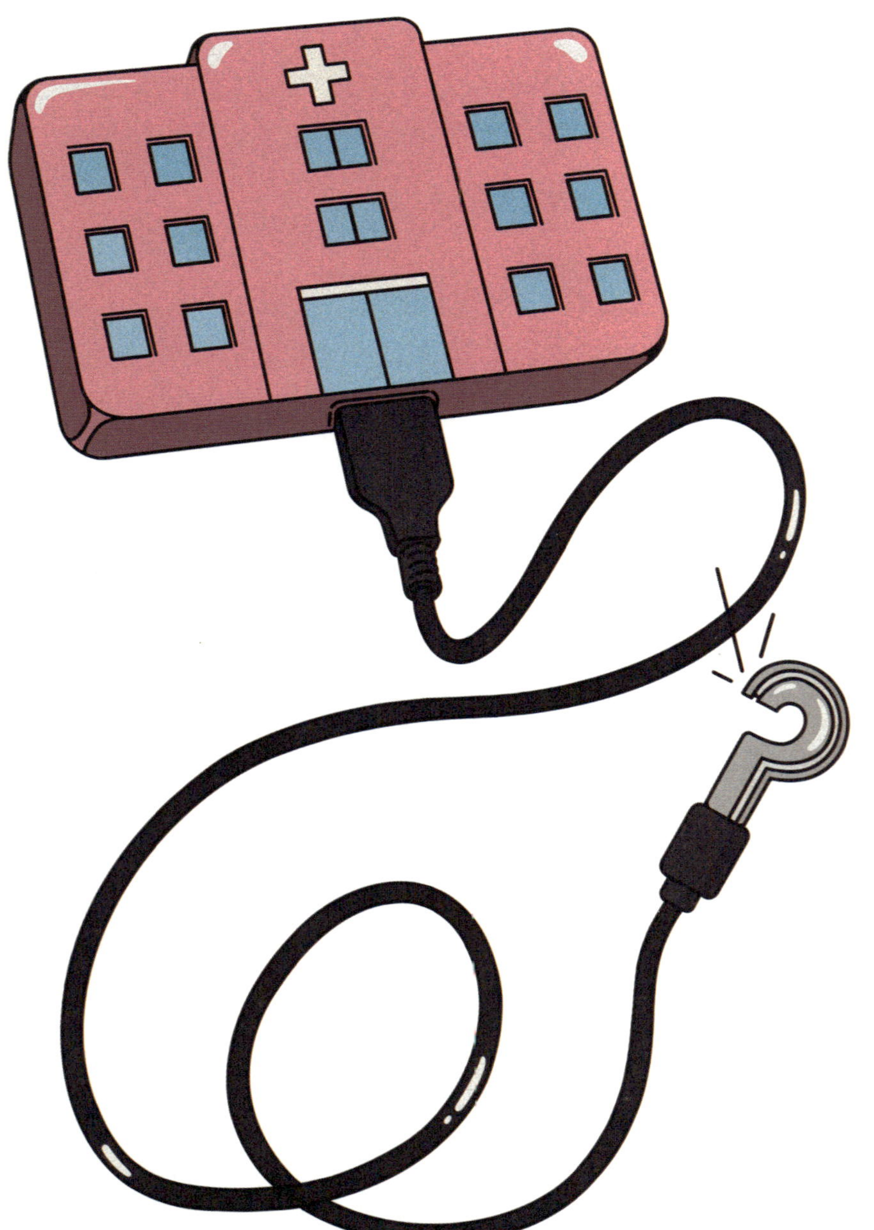

법으로 정한 공익 목적에서 제한된 접근·사용 권한을 갖지요.

한편, 연구자와 기업이 AI 개발이나 제품화와 같이 건강 데이터를 다른 방식으로 활용하려면(2차 활용이라고 불러요) 정당한 근거(동의 또는 법적 근거)와 제한적인 목적(과학 연구, 통계 처리가 대표적이에요), 재식별 방지 등 여러 추가 요건을 충족해야만 해요. 또한, 제품 개발을 위해 별도로 모은 데이터가 아닌 기존 데이터를 활용하여 수익을 창출한다면 환자와 사회에 이익을 공유하거나 환원하는 절차를 논의할 필요도 있을 거예요.

여기서 중요한 점은, "데이터를 만든다"와 "데이터에 대한 권리를 가진다"는 말을 구분하는 거예요. 혈액검사 수치나 진단명처럼 사실 그 자체는 일반적으로 저작권의 대상이 되지 않아요. 반면, 병원이 데이터를 모아서 특정한 형태로 구축한 데이터베이스에는 일정한 권리가 뒤따를 수 있지요. 그렇다고 해서 그 권리가 환자의 통제권을 지워 버릴 수 있다는 것은 아니에요. 반대로, 환자의 통제권이 병원의 보관 의무나 의료의 안전을 완전히 무력화해서도 안 되지요. 그래서 결국 핵심은 '누가, 어떤 목적으로, 어느 범위까지, 어떤 근거로 접근·사용하는가'를 명확히 정하고 관리하는 일이 됩니다.

정리하면, 병원 정보는 누구의 것이라기보다 공동의 자원에 가깝습니다. 환자의 권익과 안전을 최우선으로 하되, 공익과 임

상적 필요를 위해 제한적으로 쓰일 수 있지요. 연구·산업 활용은 엄격한 조건과 투명한 절차, 그리고 정당한 보상·환원의 원칙 아래에서만 허용되어야 해요.

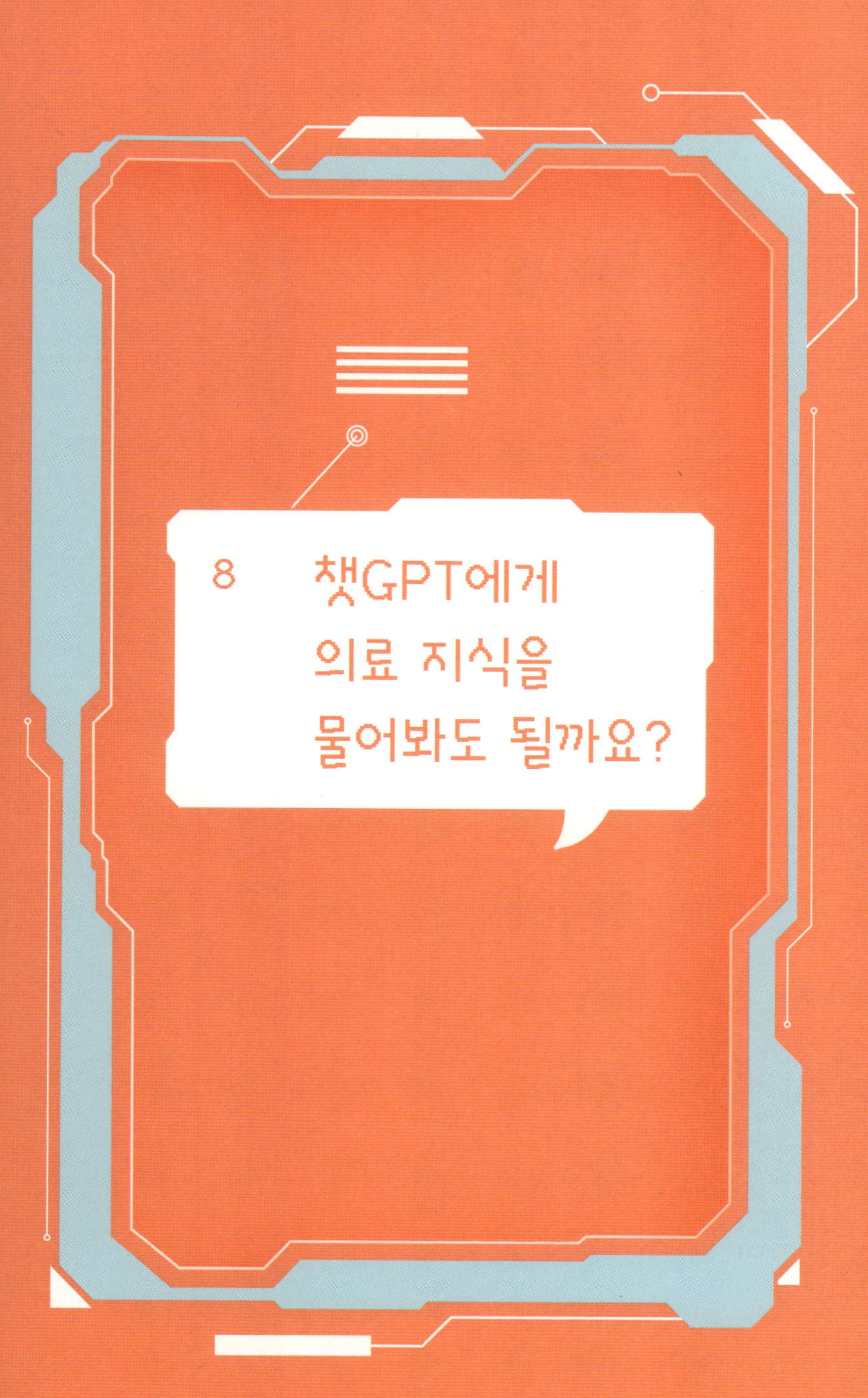

8
챗GPT에게
의료 지식을
물어봐도 될까요?

2024년, 런던에 사는 한 20대 남성이 편도선염으로 병원을 방문했습니다. 그런데 애니 AI라는 인공지능 도구가 그의 의료 기록을 처리하면서 편도선염 대신 당뇨병과 심장 질환 진단을 잘못 생성하는 사고가 발생합니다.

이 AI가 만든 가짜 진단서에는 그 남성이 복용한 적도 없는 당뇨병 약물의 이름과 복용량까지 상세히 기록되어 있었고, 심지어 존재하지 않는 병원 주소까지 포함되어 있었습니다. 몇 주 후 당뇨병 안구 검진 통지서를 받은 그가 간호사와 함께 의료 기록을 확인하던 중 이 사실을 발견했지요. 그는 "AI가 생성한 요약이라는 걸 그때 알았고, 뭔가 이상하다는 생각이 들었다"라고 증언했다고 해요.

2024년 이루어진 영국의 한 조사에 따르면 전체 일반의 중 20%가 챗GPT 같은 AI 도구를 일상적으로 사용한다고 해요. 일부 의사들은 환자들이 AI 분석 결과를 바탕으로 의사의 진단이나 치료 계획에 이의를 제기하는 사례들을 경험하고 있다고 합니다. 특히 환자들이 자신의 검사 결과나 의료 기록을 챗GPT에

입력해 AI의 해석을 가지고 와서, 의사의 소견과 다르다며 논쟁을 벌이는 일도 늘어났다고 해요. 의료진은 이런 상황이 의사와 환자의 신뢰 관계를 해치고 불필요한 갈등을 야기할 수 있다고 우려합니다. 특히 AI가 생성한 정보의 정확성을 환자가 맹신할 때 여러 문제가 발생할 수 있음을 경고하고 있습니다.

생성형 AI와 내 건강을 상담한다면

2022년 11월 챗GPT가 그야말로 혜성처럼 등장한 이래로 현실을 뒤흔들고 있습니다. 특히 2, 30대 집단은 생성형 AI에게 일과 중 경험한 고민에 대해 묻고 답과 위로를 구하는 경우가 많다고 하지요. '다정한' 답을 내놓는 생성형 AI에게 응원과 위로를 구하는 것은 한편으로 당연한 일이라는 생각도 듭니다. 그리고 그 고민의 목록에 건강과 질병은 빠지지 않지요.

그런데 AI에게 고민 상담을 해도 괜찮은 걸까요? 2025년 8월에 사전발표된 한 논문은 생성형 AI의 사용자가 망상과 환각 등을 표출한 보도 사례 17건을 수집해 분석했어요. 그리고 사용자가 영적 각성을 얻었다고 주장하거나 AI를 신이나 지성체로 생각하여 사랑에 빠지는 등의 현상을 보였다고 분류했지요.

이러한 사례까지 가지 않더라도 상담에 대해선 고민해 볼 부분이 있지요. 하지만 그것이 법적으로 허용되는지 여부를 떠나 사람들은 생성형 AI에게 건강에 대한 고민을 물어보고 싶어 합니다. 온라인 커뮤니티에는 병원에서 발급받은 기록과 진단서를 챗GPT에 찍어 올린 다음, 궁금한 것을 질문하거나 심지어 진단과 치료가 맞는지 물어보았다는 글이 심심찮게 보입니다. 아예 병원 검사 결과를 올리면 해석해 준다는 전용 AI 앱도 등장했네요.

이런 요구는 일반적인 환자의 입장에서 의학 지식은 너무 전문적이고 이해하기 어렵다는 오래된 문제 제기로부터 나온다고 말할 수 있겠어요. 병원에서 듣는 설명은 참 복잡하고 어렵습니다. 용어도 생소하지만, 일단 설명하는 방식 자체가 평소에 우리가 접하는 것과 많이 다르죠.

이건 의사가 어렵게 설명하거나, 설명을 잘 못해서 그런게 아니에요. 제가 이전에 진료하던 때를 떠올려 보면, 치료로 예상되는 결과를 설명해야 하는 상황에 "지금 치료하면 어느 정도 개선이 있겠지만 글쎄요"라고 말하는 경우가 종종 있었어요. 환자 입장에선, '아니 그래서 낫는다는 거야, 아니야?' 하는 불평이 나올 만하지요.

그런데 현재 상황에서 100%의 결과를 도출할 수 있는 치료란

거의 없습니다. 오히려 "나아질 테니 안심하세요"라고 하면 거짓말이 될 수 있지요. 앞서 이야기했듯이 병의 원인이 하나로 밝혀지지 않은 때가 많고요.

누군가 만성 요통(허리 통증)으로 병원을 찾았다고 합시다. 환자는 "허리가 아픈 이유가 뭔가요?"라고 묻겠지요. 그러면 의사는 "디스크에 약간의 변화가 있고, 근육도 긴장되어 있으며, 평소 자세나 생활습관, 스트레스 등이 복합적으로 작용한 것 같습니다"라고 답할 거예요. 여러 요인이 맞물려 문제가 생기는 일이 흔하니까요.

그러다 보니 환자에게는 무척 찜찜하고 복잡하게 느껴질 수 있습니다. 수치가 어떻고 무슨 세포가 어떻다는 설명도 그 자체로 어렵지요. 게다가 의료진의 설명이 우리가 일반적으로 머릿속에 가지고 있는 틀에 잘 맞지 않기에, 들어도 도통 이해할 수 없는 경우가 종종 있습니다.

이런 상황에서 의학 정보를 환자의 눈높이에 맞춰 쉽게 설명해 줄 도구가 생긴다는 건, 환자와 의료진 모두에게 환영할 만한 일일 테지요. 당장 의료진은 생성형 AI를 질병 설명과 환자 설명문 및 진료 안내를 위한 기록 작성에 활용하고 있으며, 환자들도 의료 정보를 이해하기 위해 AI를 활용하고 있으니까요. 게다가 이런 식의 활용은 그 자체로 진단을 내리거나 치료를 하는

것이 아닌 만큼, 사람들에게 '무해한' 것으로 받아들여지는 것
같습니다.

AI 건강 상담에서 발생할 수 있는 문제

쉬운 설명이나 안심시켜 주는 말이 좋다고 해서, 생성형 AI가
건강 상담에 아무렇게나 쓰여도 된다는 뜻은 아닐 거예요. 무엇
보다 큰 문제는 생성형 AI의 대답에 거짓이 섞여 있으며, 일관성
이 없다는 데 있어요. 하나씩 살펴볼게요.

생성형 언어 AI는 아주 쉽게 생각하면, "이 다음에 나올 가능
성이 가장 높은 단어는 무엇일까?"를 예측하는 프로그램이에요.
말하자면, 내가 "안녕! 네 이름은 뭐니?"라고 물어봤을 때, 생성
형 AI는 "뭐니?" 다음에 나올 가능성이 가장 높은 단어를 추측해
서 답변을 선택한다는 거지요.

워낙 많은 자료를 바탕으로 훈련했기 때문에, 보통 적절한 답
을 내놓지만 그러지 못하는 경우도 있어요. 예를 들어, 내가 "'역
사를 잃은 민족에게 미래는 없다'라는 말을 한 사람이 누구야?"
라고 챗GPT에게 물어보면, 챗GPT는 "독립운동가 신채호 선생
이 한 말"이라고 대답합니다(ChatGPT 4o, 2025-10-02). 심지어 신채

호가 쓴 《조선상고사》나 《독사신론》에 등장한다고까지 대답하지요.

그러나 이 말은 신채호 선생이 한 말이 아니며 책에도 나오지 않습니다. 그럼에도 챗GPT는 단정적으로 "신채호 선생의 말"이라고 대답합니다. 그것은 훈련에 사용한 여러 자료에 신채호 선생이 그런 말을 했다는 언급이 여러 번 포함되어 있기 때문일 거예요. 틀린 지식이지요.

최근에는 잘 언급되지 않지만, '세종대왕 맥북 던짐 사건'을 들어본 학생들도 있을 것 같아요. 챗GPT 발표 초기에 누군가 장난으로 "조선왕조실록에 기록된 세종대왕이 맥북 프로를 던진 사건에 대해 알려 줘"라고 물어봤더니, 마치 그런 사건이 실제 벌어졌던 일인 듯 대답을 한 건데요. 이런 상황이 자주 벌어지면서 사람들은 생성형 AI가 잘 모르는 정보에 대해 틀린 내용이나 없는 내용을 만들어 대답하는 것을 AI 환각 현상이라고 부르고 있습니다. 환각이라는 이름을 붙인 이유는, 생성형 AI의 정보가 거짓이지만 너무도 그럴듯하게 이야기를 하기 때문에 사람들에게 환상을 심을 수 있기 때문이지요.

실제로 의료 분야에서 생성형 AI의 환각 현상으로 인한 피해 사례가 있어요. 2024년 미국에서는 60세 남성이 챗GPT의 조언을 따라 요리용 소금(염화나트륨) 대신 브롬화나트륨을 3개월간

섭취해서 중독 증상으로 입원한 일이 있었습니다. 이 남성은 소금이 건강에 미치는 부정적 영향을 알게 된 후, 챗GPT에게 염화나트륨을 대체할 방법을 물어봤다고 해요. 챗GPT가 제안한 브롬화나트륨은 20세기 초 의료용으로 사용되었지만 고용량 섭취 시 독성이 있어 현재는 사용되지 않는 물질이에요. 그는 당시, 이웃이 자신을 독살하려 한다는 심각한 망상에 빠져 있었다고 해요.

한편, 이렇게 대답을 만들기 때문에 생성형 AI의 답은 상황에 따라 계속 바뀔 수 있다는 문제가 있어요. 의사 면허 시험도 인간보다 높은 성적으로 통과한다는 생성형 AI죠. 하지만 한 연구진이 환자 진료에 직접 활용한다고 가정하고 만든 시나리오에서, 같은 질병이라 해도 대화 내용이 변함에 따라 생성형 AI의 대답도 변한다는 사실이 확인되었어요. 환자가 어떤 식으로 말하고 질문하느냐에 따라 생성형 AI가 전혀 다른 진단을 내놓을 수 있다는 뜻이에요.

심지어 똑같은 질문을 하더라도 생성형 AI가 같은 답을 내놓지 않을 수 있어요. 이건 어렵지 않게 확인할 수 있지요. 챗GPT와 같은 AI 서비스를 열어 놓고, 같은 질문을 반복적으로 던지면 답변이 조금씩 달라집니다. 간단한 질문에 대한 답변에서 세부적인 내용이 조금 다른 건 큰 문제가 되지 않지요. 하지만 그것

이 진단과 치료에 관련한 것이라면, 심각한 피해로도 이어질 수 있어요.

물론 모든 경우 그런 것은 아니겠지만, 진단이나 치료 과정에서 나타날 오류를 예측할 수 있다면, 그것을 줄이기 위해 최대한 노력해야 합니다. 우리 손을 벗어난 우연의 문제라면 어쩔 수 없을지도 모르겠어요. 생성형 AI가 잘못된 답 또는 다른 답을 내놓는 것은 물론 '우연'과 확률의 문제긴 해요. 하지만 그 확률은 생성형 AI가 문제를 일으킨다는 것을 확정적으로 담보한다는 뜻이기도 합니다. 예컨대, 10%의 환자에게 생성형 AI가 다른 답을 내놓는다면, 100명의 환자 중 10명은 AI로부터 잘못된 정보를 제공받는다는 뜻이 되지요.

잘못된 정보가 환자에게 주어지는 것은 단순한 오류로 끝나지 않아요. 환자는 그 답을 들고 병원을 찾아갈 것이고, 의료진과 헛된 다툼을 벌일 거예요. 환자로선 AI의 말이 맞는지, 의료진의 말이 맞는지 확신할 수 없으니까요. 게다가 기업들이 사활을 걸고 AI의 성능을 홍보하고 있는 지금, 사람들이 AI의 말에 쉽게 현혹될 수 있지요. 결국 환자와 의료진 사이의 신뢰가 허물어지는 결과로 이어지며, 이는 그 자체로 의료 체계에 큰 피해를 일으키는 일이지요.

따라서 생성형 AI의 의료 상담이 무해하니 그냥 사용해도 된

다는 가정은 완전히 틀렸어요. 오히려 지금까지 '상담'을 의료 행위로 생각하지 않은 것이 잘못이지요. 현대 의학은 처방과 수술에만 집중하고, 설명이나 상담은 덜 중요한 것으로 취급하는 경향이 있어요. 당장 우리나라만 해도, 수술비나 처치료는 있지만 '설명료'는 없지요. 설명과 상담은 의료 행위의 출발점이자 핵심임에도, 지금까지 너무 당연하게 생각해서 무시해 온 건지도 모르겠어요. 생성형 AI의 출현으로 그 중요성이 지금에서야 부각되고 있는 거예요.

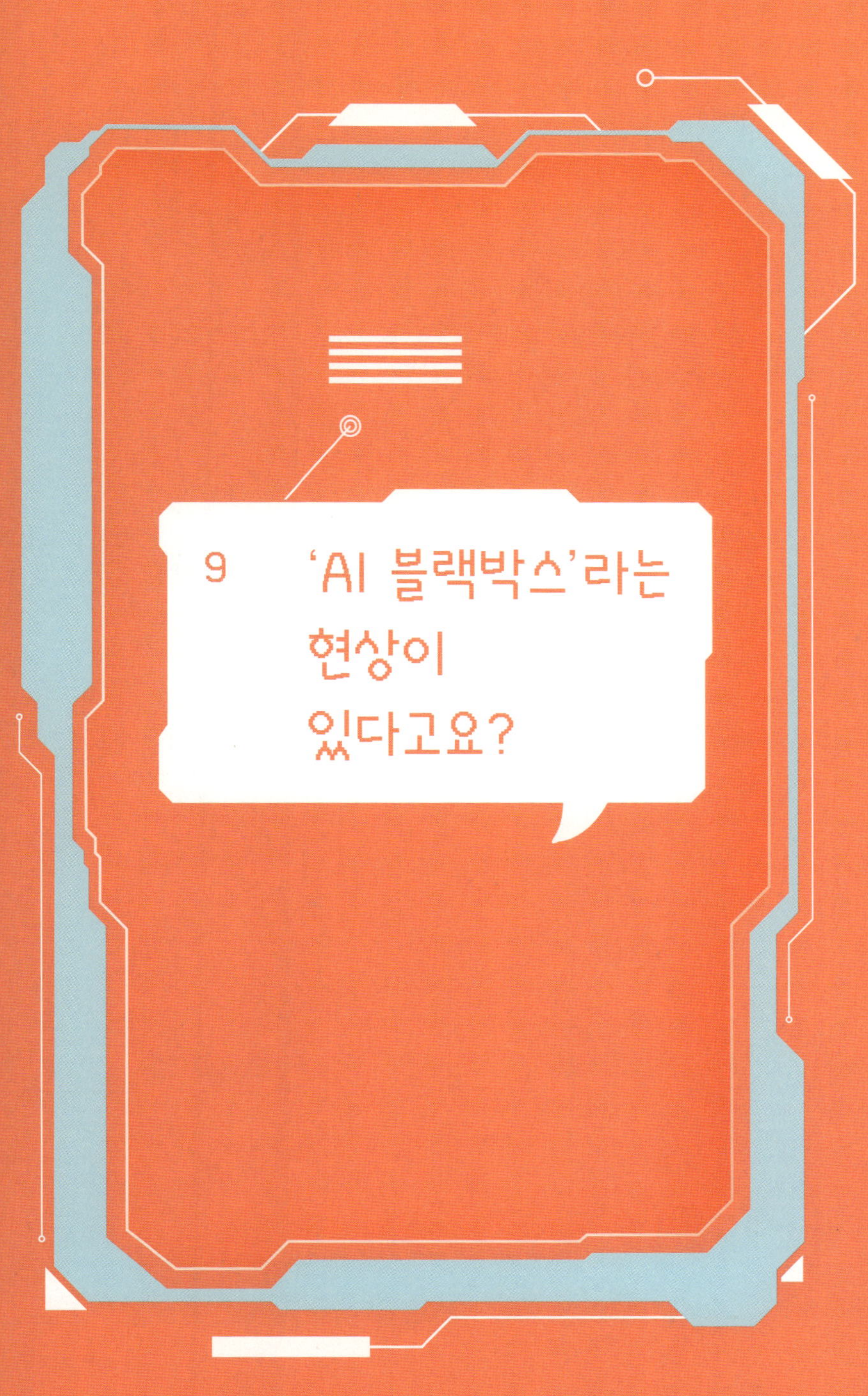
9   'AI 블랙박스'라는
현상이
있다고요?

2025년에 발표된 한 논문은 스페인 나바레대학병원에서 2020년 7월부터 실제 임상에서 사용하고 있는 '나이아-RD' 시스템을 분석했어요. 이 헬스케어 AI는 당뇨병성 망막병증을 진단하는 '설명 가능한 AI(Explainable AI)'의 성공적인 사례입니다.

나이아-RD 시스템은 의사가 안저(안구 뒷부분) 촬영 이미지를 판독할 때 AI의 진단 제안을 먼저 검토한 후 최종 결정을 내리는 방식으로 작동합니다. AI는 각기 다른 역할을 하는 3개의 신경망으로 구성되어 있어요. 2020년부터 2023년까지 4만 2,790명의 환자를 대상으로 한 연구에서, 나이아-RD는 시야 위협 망막병증을 단 한 건도 놓치지 않으면서 정확도 92.5%를 달성했습니다.

나이아-RD는 병증이 의심되는 경우 '통합 기울기(Integrated Gradients)'라고 불리는 기법을 사용해 AI가 주목한 병변 부위를 원형으로 표시하여 의료진에게 시각적 설명을 제공합니다. 원본 이미지를 향상시켜 출혈이나 미세혈관류 같은 작은 병변을 더 쉽게 볼 수 있도록 도와주기도 해요.

실제 임상 데이터 분석 결과, AI 도움을 받기 시작한 후 일반의가 전문의에게 의뢰해야 할 환자를 식별하는 정확도가 크게 향상되었으며, 현장 안과 검사가 필요한 환자 비율이 3.08%에서 4.65%로 1.5배 증가했습니다. 특히, AI가 환자를 전문의에게 의뢰할 필요가 없다고 제안한 경우에 대한 의료진 동의율이 94% 이상으로 매우 높았어요. 따라서 이 시스템이 1차 검진을 자동화할 경우 업무량을 4.27배 줄일 수 있을 것으로 분석되었습니다.

'설명 가능한 AI'의 탄생

'AI 블랙박스'라는 표현을 들어 본 적이 있나요? 보통 블랙박스는 자동차나 비행기에서 충격이 발생한 경우에 상황을 기록하는 장치를 가리키지요. AI에서 블랙박스는 저장 장치를 말하는 게 아니라, AI가 답변을 내놓을 때의 특성을 비유하는 표현이에요. 이 표현의 의미를 알아내려면 AI가 작동하는 원리부터 살펴봐야겠지요?

현재 AI는 기본적으로 '예측 모델'을 사용해요. 동물 사진을 보여 주고 그 동물이 무엇인지 예측하게 하는 거지요. AI 또는

딥 러닝 이전에 만들었던 모델은 개발하는 사람이 사진의 특정 요소를 정해 주면 컴퓨터가 계산을 통해 답을 예측했어요. 예를 들면, 사진 전체의 색깔 파장 분포를 계산하거나, 사진에서 급격하게 변화가 나타나는 위치를 파악해서 사진 속 동물이 강아지인지, 고양이인지 구분하는 방식이었지요.

조금 더 설명해 볼게요. 스마트폰에서 노래를 잠깐 들려주면 가수와 노래 제목을 찾아내는 앱을 써 본 적 있나요? 이런 앱은 음악의 특징적인 부분을 표시한 일종의 '음악 지도' 데이터와, 스마트폰에 재생되는 음악을 비교하는 방식을 사용해요. 사실 그 뒤에는 더 복잡한 계산이 숨어 있지만, 쉽게 말해 '소리의 세기와 시간에 따라 음악 지도를 만들라'는 개발자의 지시에 따라 알고리듬이 작동하는 거예요. 그렇게 나온 결과도 AI가 직접 해석할 수 있지요. '이 음악은 몇 분 몇 초에 독특한 특징이 나오는구나' 하고요.

다시 사진으로 돌아가서, 앞서 설명한 여러 방법이 있기는 했지만 사실 2011년까지 알고리듬의 사진 구분 성능이 뛰어나진 않았어요. 예를 들어, 사진 구분 알고리듬의 성능을 겨루는 '이미지넷 챌린지' 행사에서는, 아무리 성능이 뛰어난 알고리듬이라 할지라도 오류율이 25~30%였지요.

그런데 2012년 이미지넷 챌린지에서 오류율을 16.4%로 줄인

딥 러닝 알고리듬, 알렉스넷이 등장합니다. 성능이 두 배 가까이 개선된 알고리듬이었지요. 이 알렉스넷 덕분에 AI가 비약적으로 발전했다고 해도 과언이 아니에요.

이전에는 개발자가 선택한(또는 통계적으로 선택된) 특징을 기반으로, 계산을 통해 예측 결괏값을 제시했어요. 이런 역할을 하는 것을 '노드'라고 하는데요. 마치 뇌의 뉴런처럼 정보를 받아서 간단한 계산을 한 뒤, 그 다음 노드에 신호를 보내는 작은 의사 결정자라고 할 수 있어요. 그런데 딥 러닝 알고리듬은 이전과 달리, 여러 층의 노드를 데이터로 학습시킨 뒤 예측 결괏값을 계산하는 방식을 사용했어요. 그 정확도는 놀라웠지요.

딥 러닝 방식의 뛰어난 결과를 보고 많은 사람이 놀랐지만, 문제가 있었어요. 도대체 AI가 어떤 지점을 포착해서 그림 속 생명체가 강아지인지, 혹은 고양이인지를 구분하는지 알 수 없었다는 거예요. 여러 노드가 쌓여서 결정을 내린다는 것은 알겠는데, 그 과정에서 각 노드가 어떤 역할을 하는지 명확하지 않았지요.

이처럼 지금의 AI는 이전에는 상상할 수도 없었던 결과물을 내놓지만, 왜 그런 결과물이 나오는지, 또는 무엇을 보고 그런 결과물을 냈는지 알려 주지 않아요. 내부 상태를 알 수 없으니 마치 안이 보이지 않는 검은 상자처럼 느껴지지요. 그래서 AI를

두고 '블랙박스'라는 표현을 쓰게 되었답니다. 블랙박스의 의미, 이제 알겠나요?

어떤 사람은 결과만 잘 나오면 되는 거 아니냐고 생각할 수도 있어요. 하지만 왜 그런 결과가 나왔는지 알 수 없으면 여러 문제가 발생해요. 예를 들어, 당장 헬스케어 AI가 환자가 암에 걸렸다고 진단했다고 해 볼까요? 만약 진단이 맞더라도 그 근거를 알 수 없다면 AI가 그다지 유용하다고 말할 수 없을 거예요. 이유를 알아야만, 그 이유에 개입해서 병을 치료할 수 있으니까요.

질병뿐만 아니라 사실 대부분 상황에서 어떤 결론을 도출하게 된 '이유'는 매우 중요해요. 심지어 많은 경우 여러 연구는 결과 자체보다 그런 결과가 나오게 된 이유에 더 관심을 두고 있어요. 만약 어딘가에서 큰 폭발이 일어났다면, 폭발 이유를 알아야 앞으로 그런 일이 다시 일어나지 않도록 막을 수 있을 테니까요. AI 연구자들도 딥 러닝 알고리듬이 가진 이러한 한계를 인지하고, 극복하기 위해 노력했지요. 그 대안으로 개발된 것이 바로 '설명 가능한 AI'입니다.

설명 가능한 AI는 블랙박스와 다름없던 AI를 벗어나, 결론에 어떻게 도달했는지 단계별로 설명하는 알고리듬 또는 AI예요. 지금까지 여러 가지 방법이 개발되었고, 더 빠르고 확실하게 사용할 수 있도록 다양한 연구가 진행 중이에요.

무엇보다 AI의 설명이 정확하고 신뢰할 수 있는지가 중요해요. 그래서 과학자들은 계산을 더 빠르게 할 수 있는 방법을 찾기도 합니다. 결정의 이유가 제시되어야만 그에 대응할 수 있기 때문이지요. 예컨대, 자율주행 자동차가 브레이크를 밟거나 가속한 이유를 설명하는 데 몇 분이 걸리면 안 될 거예요. 여러 설명 기법을 결합해 좋은 부분만 모아 더 나은 설명을 제시하려고 하거나, 복잡한 설명을 정리해서 결정에 영향을 미친 가장 중요한 부분만 제시하려는 등의 노력을 기울이고 있어요.

이런 여러 연구는 AI가 어떻게 작동하는지를 명료하게 보여 주려는 것이지요. 특히 헬스케어 영역에서 설명 가능한 AI는 원인 파악을 넘어, 신뢰를 확보하고 오류나 문제를 빠르게 파악하는 데 도움을 줄 수 있기에 기술 발전에서 무척 중요한 부분이에요.

AI와 설명의 역설

하지만 설명 가능한 AI가 완벽한 것은 아니에요. 크게 기술적 어려움과 철학적 한계라는 두 가지 문제를 생각해 봐야 해요. '기술', '철학'이라고 하니 어려울 것 같지만 차근차근 풀어 보면

꽤 쉽답니다.

먼저, 좋은 모델일수록 복잡하며, 복잡한 모델일수록 설명하기 어렵다는 게 문제가 됩니다. 이는 AI 모델이 아니더라도 이미 우리가 경험해 본 내용이에요. 스마트폰만 해도 처음 나왔을 때보다 성능이 엄청나게 발전했지요. 처음에는 '이런 기기로 어떻게 게임을 해'라고 생각했지만, 지금은 꽤 복잡한 게임도 할 수 있어요. 더 보편적인 예로, 스마트폰 카메라의 경우 화질이 개선된 것은 물론 알아서 간단한 보정까지 해 주는 수준으로 발전했지요.

하지만 이와 더불어 스마트폰의 구조는 계속 복잡해지고 있어요. 많은 기능이 추가되어 성능이 향상되었으니 당연한 수순이지요. 따라서 스마트폰이 어떻게 작동하는지를 설명하고 이해하는 것 또한 점점 더 어려워지고 있습니다. 단순히 스마트폰을 분해하는 일만 해도 지금 기기는 옛날 기기와 달리 상당한 품이 들지요. AI도 마찬가지예요. 더 뛰어난 답을 내놓는 AI, 특히 딥러닝 알고리듬은 엄청난 수의 노드로 구성되어 있어요. 각 노드가 어떤 값을 받아 무슨 역할을 하는지 파악하는 데 한계가 있지요. 물론 단순명료한 구조의 AI는 설명하기도 쉽겠지만 그만큼 성능도 제한적일 거예요.

설명 가능한 AI의 대답을 인간이 반드시 이해한다고 가정할

수도 없어요. 이해를 위한 가상의 예를 들어 볼게요. 어떤 헬스케어 AI가 암을 예측하는 데 환자의 손톱 색이나 귀 모양이 중요한 요인이라고 설명했다고 해 봅시다. 그렇다면 이걸 어떻게 해석해야 할까요? 손톱 색이나 귀 모양이 환자에게 나쁜 영향을 미쳐 암을 일으켰다고 하는 것은, 적어도 지금 우리의 상식으로는 어불성설일 거예요. 이건 가상의 예이기는 하지만, 실제로 설명 가능한 AI가 내놓는 '설명'은 직관적인 원인과 결과로 구성되어 있지 않아요. 결과를 도출할 때 입력된 프롬프트의 어떤 부분에 집중했다는 식이랍니다. 심지어 AI의 대답을 해석하기 위해 많은 시간과 노력을 들여야 할 수도 있어요.

기술적인 측면 외에도 생각해 볼 지점이 있답니다. 첫째로, 설명은 상황에 따라 달라질 수 있다는 점이에요. 같은 AI의 판단이라도 누가, 언제, 어떤 목적으로 묻느냐에 따라 필요한 설명이 완전히 달라져요. 예를 들어, 같은 사례라도 의사와 환자 본인에게 필요한 설명은 다를 수밖에 없겠지요? 의사는 의학적 근거를 알고 싶겠지만, 환자는 자신이 무엇을 주의해야 하는지 등 실용적인 답을 원할 거예요.

시간이 지나면서 우리가 원하는 설명이 바뀐다는 문제도 있지요. 10년 전에는 AI가 어떤 결정을 내렸다는 것만으로도 신기해했지요. 하지만 지금은 왜 그런 결정을 내렸는지 구체적으로

알고 싶어 해요. 상황에 따라 AI의 답을 받아들일지, 혹은 의심할지도 달라져요. 만약 보험회사가 AI를 써서 피보험자에게 보험금 지급을 거절했다면, 그 설명을 곧이곧대로 받아들이기보다는 의심의 눈초리로 보겠지요?

둘째로, "우리가 AI를 정말로 이해할 수 있을까?"라는 철학적 질문도 가능해요. 사실 '설명 가능하다', '해석 가능하다', '이해한다' 등의 말을 쓰고 있지만, 이게 정확히 무엇을 의미하는지 정의하기란 무척 어렵습니다. 더 나아가 만약 AI가 인간보다 훨씬 똑똑해진다면 어떨까요? 개미가 인간의 생각을 이해할 수 없는 것처럼, 우리도 초지능 AI의 판단 과정을 정확히 이해하는 게 불가능할 수도 있어요. 마치 복잡한 수학 공식을 보고 '아, 그렇구나' 하면서도 막상 설명하려고 하면 제대로 말하지 못하는 것처럼요.

마지막으로, '설명의 역설'이라고 하는 문제가 있어요. 때로는 AI의 설명이 오히려 중요한 문제를 가릴 수도 있다는 거예요. 예를 들어, AI가 "나이와 이전 질환 기록을 기준으로 판단했습니다"라고 하면서, 실제로는 특정 인종이나 성별에 편향된 판단을 했다면 어떨까요? 겉보기엔 합리적인 설명 같지만, 알고 보면 심각한 윤리적 문제를 숨기고 있는 거지요. 더 무서운 건, 현재의 방법으로는 이런 문제들을 찾아내거나 설명할 수 없을지

도 모른다는 거예요. AI의 중대한 실패나 편견이 바로 인간이 설명할 수 없는 부분에 숨어 있을 수 있어요. 그렇다면 우리는 AI의 설명에서 빙산의 일각만 보고 전체를 안다고 착각하고 있는지도 몰라요.

그래도 이것을 '설명 가능한' AI라고 부를 수 있을까요? 이런 한계에도 불구하고 AI를 믿고 사용해도 되는 걸까요?

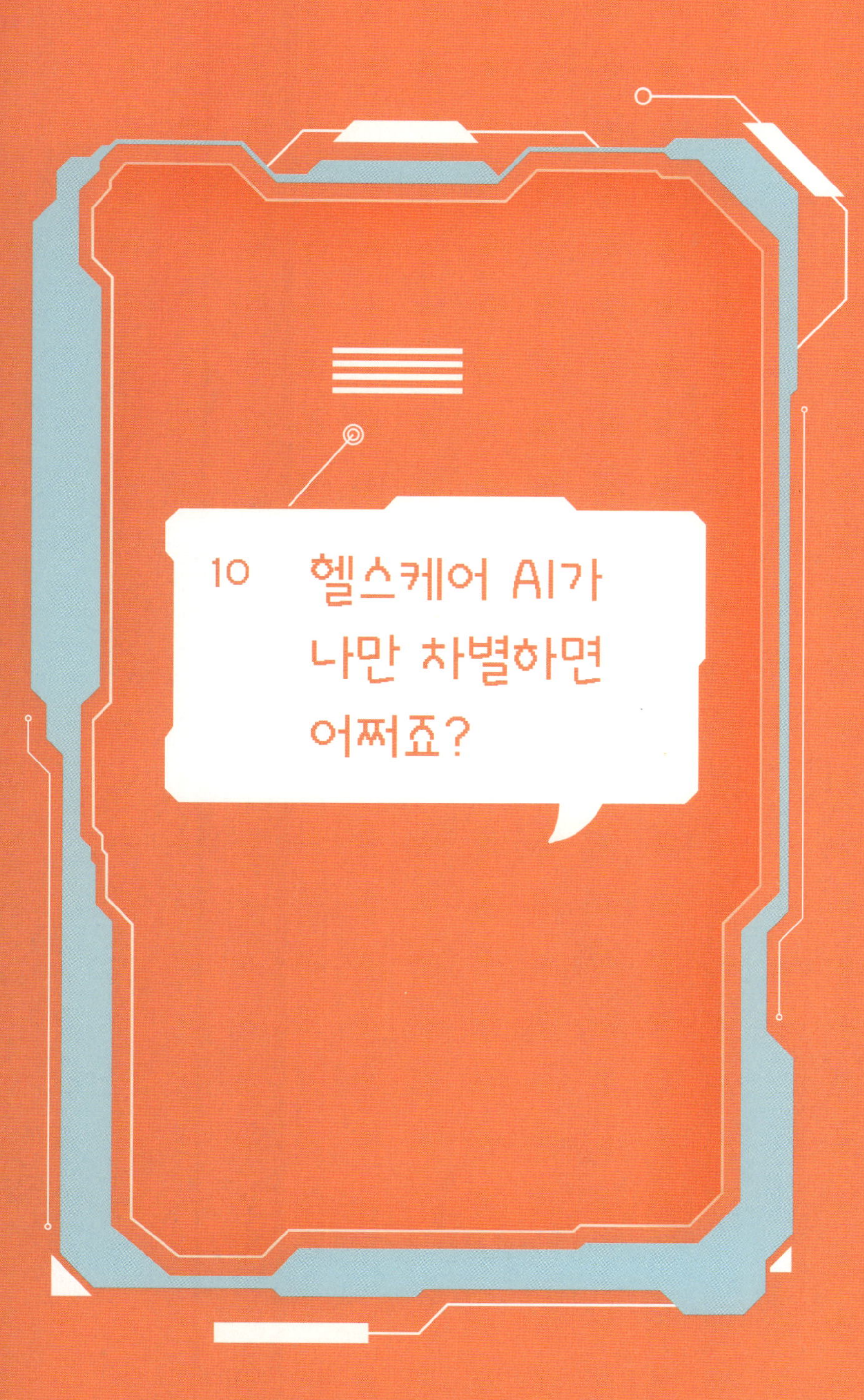
10   헬스케어 AI가
나만 차별하면
어쩌죠?

2022년 미국 스탠퍼드대학 연구팀의 발표에 따르면, 피부암 진단에 사용되는 최첨단 AI 알고리듬들이 어두운 피부 톤을 가진 환자에게서 상대적으로 낮은 정확도를 보인다고 해요. 이 연구팀은 많은 피부색과 희귀 질환 사진이 포함된 '다양한 피부 이미지(DDI)' 데이터세트를 만들었어요. 유명한 기존의 피부과 AI 모델들에게 이 데이터세트를 분류하게 하니, 어두운 피부나 드문 질환에서 성능이 크게 떨어진다는 사실을 발견했습니다. 기존 AI 모델들은 특정 피부색을 기준으로 훈련되었다는 뜻이지요.

이어서 연구팀은 다양한 피부색 데이터를 이용해 AI를 다시 학습시켰어요. 그러자 피부의 밝기에 따른 성능 차이가 거의 사라졌지요. 이 결과는 AI가 모든 사람에게 공정하게 작동하려면, 처음부터 다양한 데이터를 포함해 훈련하는 것이 중요하다는 점을 보여 줍니다.

이와 비슷한 사례는 더 있습니다. 2025년 마운트시나이 의과대학 연구팀이 발표한 사례인데요. 9개의 AI 언어 모델에게 같

은 환자 사례를 사회적 소수자를 나타내는 단어와 함께 제시했을 때, 치료 권고가 어떻게 달라지는지 분석했습니다. 결과적으로 흑인, 노숙인, 성소수자 등 단어가 포함됐을 때 응급·입원·정신 건강 진료를 더 많이 추천하거나 더 적극적으로 검사를 권유했습니다. 반대로 고소득층으로 표시된 경우에는 고급 영상 검사를 더 많이 권장했어요.

임상 정보가 동일했는데도 차이가 나타난 것은, 모델이 환자의 상태보다 인구 집단의 사회경제적 특성을 과도하게 반영했음을 보여 줍니다. 이런 편향은 이미 의료 접근성이 떨어지는 취약 계층에게 더 낮은 수준의 의료 서비스를 제공하게 만들 수 있습니다. 결국 AI가 건강 불평등을 정당화하고 고착화할 위험이 있다는 뜻이지요.

인간의 편향을 배운 AI

AI는 데이터를 바탕으로 학습해요. 간단히 말하면, 인간의 선택과 결정을 그대로 따라 하려고 열심히 노력한다고 말할 수 있어요. 인간 역시 나날이 성장하며 더 나은 결정을 내리기 위해 애쓰고 있지요. 하지만 여전히 못난 생각과 잘못된 선택을 하곤

합니다.

그런 잘못된 선택은 오랜 편견에서 나오는 경우가 많아요. 예를 들어, 우리나라는 오랫동안 안정적인 보건·의료 시스템을 구축해 모든 국민이 쉽게 의료 혜택을 누리게 되었다고 자랑합니다. 하지만 장애인은 애초에 병원에 자유롭게 갈 수 없었어요. 심지어 한센병 환자들은 아예 특정 지역에 격리된 채 통제, 관리 대상이었지요.

또한, 우리나라 법은 오랫동안 임신중절(여기선 의료 행위를 가리켜요. 여성의 선택권과 관련해선 임신중지라는 표현을 쓰지요)을 범죄로 여겼어요. 그런데 태어날 아기가 장애가 있다고 진단될 경우엔 임신중절을 해도 범죄로 취급하지 않았지요. 결과적으로 우리나라의 유아동 장애인 비율은 다른 나라에 비해 낮아요.

오랫동안 국가 보험을 운영해 왔기 때문에, 사람들은 우리나라에 자부할 만한 의료 데이터가 쌓여 있다고 믿고 있어요. 어느 정도는 사실이에요. 하지만 이 데이터에는 두 가지 문제가 있어요. 첫째, 병원이 아닌 국민건강보험공단의 처방 데이터이기 때문에 병원 기록이 포함되지 않아요. 즉, 질병 코드와 처방 코드로만 이루어진 항목 데이터일 뿐, 최근 생성형 AI를 훈련시키는 데 사용하는 데이터가 아니에요. 둘째로 더 중요한 것은, 앞서 설명한 이유로 우리 데이터는 특정 환자나 환자 집단에 관한 정보를 거의 포함하고 있지 않아요. 이를 '데이터 편향'이라고 해요. 데이터가 한쪽으로 쏠려 있다는 뜻이지요.

데이터 편향은 두 가지 문제를 일으켜요. 우선, 이런 데이터로 훈련한 AI를 소수 집단 환자에 적용했을 때 잘못된 결과가 나올 가능성이 높아요. 훈련 과정에서 보지 못한 데이터를 입력하고 결과를 요청하는 것이기 때문에 어떻게 보면 당연하지요.

또한, 편향된 데이터로 훈련한 AI는 성능도 떨어질 가능성이 있어요. AI가 지금과 같은 인기를 누리는 까닭은 일반화된 성능을 보인다고 여겨지기 때문인데요. 즉, 많은 데이터를 통해 훈련해서 실제 세계에 대한 보편적인 답을 내놓을 수 있다는 거예요. 사람들은 AI가 무엇이든 대답할 수 있다고 생각하지요. 이게 가능한 이유는 AI가 훈련 과정에서 수많은 데이터를 살피고, 데이터가 지닌 보편적인 경향을 파악할 수 있기 때문입니다.

다만 여기에는 전제가 있어요. 훈련 데이터가 실제 세계를 반영해야 한다는 거예요! 전반적인 내용을 훈련했다면 AI는 일반적인 답을 내놓을 수 있을 거예요. 하지만 일부 데이터를 누락했다면 실제 세계를 제대로 반영했다고 말하기 어렵지요. 예를 들어 볼게요. 내가 사과를 눈으로만 보고 "사과는 빨간 구형의 고체로, 달콤한 향기가 난다"라고 설명하면 내가 가진 데이터로는 충실히 설명한 거예요. 하지만 그 내용이 사과를 전부 설명했다

고 할 수는 없어요. 사과의 맛에 대한 데이터 없이 사과를 온전히 설명할 수 있을까요?

마찬가지로 일부 데이터를 누락한 AI의 답을 곧이곧대로 믿는 건 문제가 있을 가능성이 있어요. 그것은 전체를 파악하지 못한 상황에서 답을 내놓는다는 점에서도 문제이지요.

이런 우려가 상상에 불과하다면 그나마 다행일지도 몰라요. 그러나 이미 현실로 나타나고 있어요. 무엇보다 앞에선 특정 집단이 데이터에서 누락되는 문제를 예로 들었지만 실제로는 여기에 그치지 않아요. 편향은 의료 현장에서 다양한 형태로 나타나고 있고, 그 영향을 받은 데이터는 다시 편향된 AI를 만들어 내고 있어요.

대표적인 사례는 2019년에 발표된 연구입니다. 미국에서 환자를 돕기 위해 사용되는 알고리듬을 검토했어요. 이 알고리듬은 환자가 앞으로 병원비를 얼마나 쓸지 예측해서 환자의 위험도를 계산했고, 병원비가 많이 나올 것으로 예상되는 환자들에게 도움을 주기 위해 만들어졌지요. 애초에 이 알고리듬의 목적은 사회경제적 형편이 불리한 사람들을 찾는 것이었어요.

문제는 같은 위험도 점수를 받은 환자 중 백인보다 흑인의 건강 상태가 더 나빴다는 데에 있어요. 흑인 환자들은 역사적·사회적 이유로 백인 환자보다 병원비를 덜 써 왔어요. 오랜 차별

때문이기도 하고, 경제적 문제 때문이기도 하지요. 심지어 백인이 주로 운영하고 치료하는 병원에 대한 불신도 영향을 미쳤지요. 이런 오랜 병원비 지출 차이는 그대로 데이터에 남았고, 이 데이터를 분석하여 만든 알고리듬은 같은 질환이라도 흑인 환자가 병원비를 덜 쓸 것이라고 예측했어요. 거꾸로 말하면, 같은 병원 지출이 예상되는 환자라면 흑인 환자의 상태가 더 안 좋다는 뜻이고, 도움을 주려던 초기 목적이 오히려 인종차별로 이어지고 있었다는 겁니다. 편향이 어떻게 차별이 되는지 잘 보여 주는 사례이지요.

또, 2022년 연구는 간 질환을 진단하는 머신 러닝 알고리듬에서 여성 환자의 병을 놓치는 경우가 더 많았다는 사실을 보고했어요. 성별에 따라 어떤 병이 더 많이 나타나는지, 어떤 병이 더 심각한 영향을 미치는지 차이가 있어요. 그런데 이런 차이를 인정하고 치료에 반영한 것은 최근의 일이에요. 아직도 충분히 고려되지 않는 경우가 많지요.

간 질환에 대한 한 연구에선 알고리듬이 여성의 간 질환을 놓칠 가능성(44%)이 남성(23%)의 두 배 가량임을 밝혔어요. 그리고 그 이유로 남성 데이터가 여성 데이터보다 훨씬 많다는 점과 생물학적 차이에 대한 불충분한 고려, 역사적 편견을 꼽았어요.

결국 헬스케어 AI의 편향 문제는 단순한 기술적 오류가 아니

에요. 우리 사회의 오랜 차별과 불평등이 데이터에 그대로 새겨졌고, AI는 이를 학습하여 더욱 체계적으로 대규모의 편견을 재생산하고 있다고 할 수 있어요. 더 큰 문제는 인종, 성별, 경제적 지위에 따른 의료 접근성의 차이가 AI를 통해 '과학적'이고 '객관적'인 것처럼 정당화될 위험이 있다는 것이지요. AI 편향은 우리 모두가 함께 해결해야 할 사회적 과제입니다.

편향을 해결하기 위한 노력들

헬스케어 AI의 편향 문제가 점점 더 알려지면서, 연구자들은 이런 불평등을 찾아내고, 측정하고, 줄이기 위한 여러 기술과 절차 들을 개발해 왔어요. 이런 방법들은 AI를 만드는 전 과정에 걸쳐 적용될 수 있어요. 훈련 시작 전에 더 공정한(편향이 적은) 데이터를 준비하는 것부터, AI가 내놓은 결과를 조정하는 것까지 다양하지요. 물론 어느 한 가지 방법으로 모든 문제를 해결할 순 없지만, 이런 도구들을 함께 사용하면 더 공정한 AI 시스템을 만드는 데 도움이 되지요.

다만 이런 방법들을 적용하는 것도 쉽지만은 않아요. 많은 경우 공정성과 모델의 성능 사이에서 한쪽을 선택해야 하거든요.

문제는 공정성을 높이려고 하면 대체로 모델의 전체적인 정확도나 유용성이 떨어진다는 거예요. 이걸 '공정성-정확도 교환(fairness-accuracy tradeoff)'이라고 부릅니다. 공정성과 성능을 동시에 달성하는 것은 거의 불가능하다는 것이지요.

예를 들어, 모든 인종 집단에 대해 AI 답변의 오류율이 같도록 설정하면 어떨까요? 이렇게 하려면 다수 집단에 대한 성능을 일부러 떨어뜨려서 소수 집단의 성능과 맞춰야 할 거예요. 단순히 기술적인 차원이 아니라 깊은 윤리적 고민이 필요한 문제이지요. 서로 다른 가치들 사이에서 무엇을 선택할지 결정해야 하거든요.

공정성을 따질 때 어떤 지표를 우선시할 것인지도 문제예요. 예를 들어, 오진율을 통제한다고 해 봅시다. 모든 집단에서, 건강한 사람을 환자로 잘못 진단하는 비율을 같게 만드는 게 중요할까요, 아니면 병에 걸렸다는 사실을 놓치는 비율을 같게 하는 게 중요할까요? 이런 선택은 상황에 따라 달라져야 하고, 실제 현실에 큰 영향을 미치기 때문에 알고리듬만으로 해결할 수 없어요. 윤리적인 판단과 사회적 합의가 필요한 부분이지요.

따라서 편향 문제의 해결을 기술적인 해법에만 기댈 순 없어요. 과학기술은 문제를 해결해 줄 많은 방법을 제안하지만, 만능열쇠는 아니에요. AI의 편향을 줄이는 기술적 도구들은 분명 중

요하지만 그것만으로는 충분하지 않지요. 어떤 종류의 공정성을 추구할 것인지, 정확도와 공정성 사이에서 어떻게 균형을 잡을 것인지, 누구의 요구를 우선적으로 들을 것인지에 대한 논의가 필요해요. 이는 의사나 개발자뿐만 아니라, 우리 모두가 참여해야 하는 영역이지요.

그렇다면 어떻게 참여할 수 있을까요? 헬스케어 AI를 여러 각도에서 살펴보았으니, 이제부터는 그 문제에 대해 우리가 할 수 있는 일들을 생각해 봅시다.

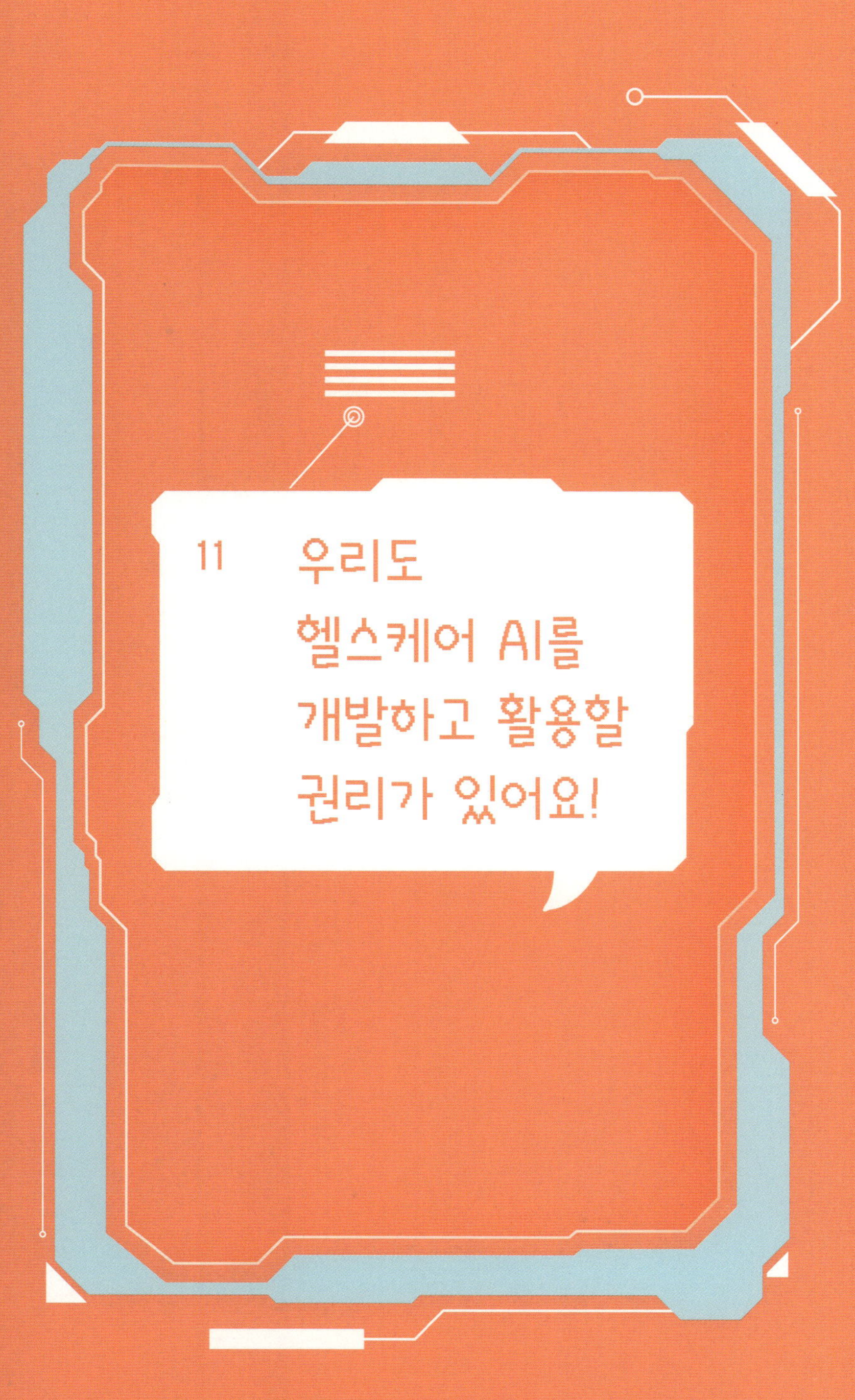

11
우리도
헬스케어 AI를
개발하고 활용할
권리가 있어요!

지금까지 일상과 병원에서 헬스케어 AI가 활용될 수 있는 방식, 그리고 그 가운데서 고민해 보아야 할 문제들을 만나 보았어요. 우리가 다룬 이야기들은 먼 미래에 대한 추측이 아니라, 얼마 지나지 않아 다가올 현실이지요.

여기에서 다시 한번 생각해 보면 좋겠어요. 병원에 갔을 때 AI가 여러분의 건강 상태를 진단하고 치료법을 제안한다면 어떤 기분이 들까요? 신기해할 수도, 조금은 불안할 수도 있을 거예요. 병원 현장에서 이미 헬스케어 AI는 X선 사진을 분석하는 일을 지원하거나, 병원 기록 작성을 돕고 환자에게 제공되는 설명을 만들며, 환자의 상태를 정리해 간호 업무를 돕는 등 이미 여러 영역에서 활용되고 있지요.

그 과정에서 중요하게 생각해 봐야 할 여러 이슈가 있다는 것을 이제 여러분은 충분히 알았으리라고 생각해요. 하지만 아직 다루어지지 않은 중요한 질문이 남아 있어요. 이런 AI는 누가 만들까요? 그리고 이 AI가 제대로 작동하는지는 누가 확인할까요?

의료인과 개발자의 몫이라고 생각할지도 몰라요. 전문가만 할 수 있는 영역이자 그들이 책임져야 하는 일이라고요. 하지만 환자와 시민의 역할도 못지않게 중요해요.

왜 시민의 참여가 중요할까요?

앞서 우리는 헬스케어 AI가 가져올 수 있는 다섯 가지 이슈를 살펴보았어요. 데이터 판매, 데이터 활용과 귀속, 생성형 AI의 정보 생성과 오류 가능성, AI 블랙박스 문제, 데이터 및 알고리듬 편향이 그것이었지요. 이를 해결하려면 우리 모두가 헬스케어 AI의 개발, 검증, 활용에 직접 참여해야 합니다. 다시 다섯 가지 이슈로 나누어서, 왜 참여가 좋은 해결책이 될 수 있는지 함께 알아볼까요?

① 시장을 대신하는 기증의 가치

특별하고 희귀한 건강 데이터나 유전정보는 엄청난 경제적 가치를 인정받을 수도 있어요. 예를 들어, 그 정보를 통해 신약을 개발하거나 유전공학 분야에서 완전히 새로운 치료법을 개발하는 등 엄청난 진보를 이루어 낸다면요. 이 경우, 그 정보의 출처인 환자나 개인에게 보상을 제공하는 방식을 검토해야겠지요.

하지만 지금까지 의학 지식은 이렇게 경제적 대가를 지급하는 시장의 원리가 아닌, 기증을 토대로 발전해 왔어요. 장기 기증이 대표적이지요. 사람의 몸에서 나온 세포 또는 장기를 우리는 '인체유래물'이라고 불러요. 사람들은 이런 인체유래물을 인체유래물은행과 같이 그것을 필요로 하는 기관에 기증해서 의학 지식과 연구가 발전하는 데 이바지해 왔어요. 유전정보를 포함한 건강 데이터도 인체유래물과 비슷한 방식으로 취급되는 것이 윤리적으로 옳은 일이라고 생각합니다.

장기 기증은 누군가의 고귀한 결정으로 이루어지는 행위이지요. 기증을 하고 세상을 떠난 분들에게 우리가 경의를 표하는 것은 그 때문이에요. 건강 데이터도 마찬가지예요. 만약 기증의 방식으로 건강 데이터를 수집하게 된다면, 그것에 그치지 않고 의학 지식이 발전하는 데 기여한 데이터 기증자에게 감사를 표할 수 있는 방식을 고민해야 해요. 무엇보다도 '데이터 기증 문화'를 만드는 것은 우리 모두의 역할이자 미래 세대를 위한 책무입니다.

② 데이터의 주인은 바로 우리!

헬스케어 AI는 수많은 사람의 건강 데이터를 학습해서 만들

어집니다. 스마트워치로 측정한 심박수, 병원에서 찍은 X-레이, 건강검진 결과 등이 모두 AI를 훈련할 재료이지요. 무엇보다 건강 데이터는 기본적으로 개개인에게서 나온 것이에요. 이후 기록과 보관을 위해 여러 사람의 손을 거친다고 해도 말이지요!

그렇기 때문에 데이터를 활용할 주체와 방식 등을 검토할 때 그 출발점인 개인을 빼놓고 이야기해선 안 돼요. 무엇보다 앞에서 이야기한 것처럼 건강 데이터가 의료인, 의료기관을 비롯해 우리 개개인에게도 속해 있다면, 데이터가 어디에 쓰이고 어떤 도움을 줄지에 관한 의견을 보탤 권리가 우리에게 있다는 이야기도 되지요.

③ 쉽고 친절한 AI 요구하기

과학기술이 사용자를 배려하지 않는 경우가 종종 있지요. 대표적으로 최근 스마트폰이나 디지털 키오스크를 예로 들 수 있어요. 어르신들은 익숙하지 않은 상호작용을 요구하는 새로운 기기를 사용하기 어려워합니다. 결국 원하는 서비스를 받지 못하거나, 심지어 이를 악용하는 사람들에게 속아 큰 피해를 입기도 해요.

나이 든 분들에게만 해당되는 이야기라고 생각할 수도 있어요. 그러나 헬스케어 AI 영역으로 넘어가면, 당장 저부터도 어떻

게 해야 하는지 모르거나 그 내용을 잘 알지 못하는 장비, 내용, 기술 들이 잔뜩 있어요. 일반인은 이런 기술에 접근하기 더 어렵겠지요.

하지만 전문가의 영역이라고 넘길 수 없는 이유는, 헬스케어 AI가 병원을 넘어 일상에까지 확대되었기 때문이에요. 나의 일상에 포함된 기술을 이해하거나 사용할 수 없다면, 스스로 건강을 관리하는 데 문제가 되겠지요.

이제 우리는 기술에 요구해야 해요. 전문가가 아니더라도 무리 없이 사용할 수 있는 헬스케어 AI를 만들어야 한다고요. 물론 전문가와 의료인이 사용하는 별도의 AI가 필요할 수는 있어요. 그러나 환자와 일반인을 대상으로 하는 AI 역시 필요하고, 이에 걸맞은 상호작용 방식을 요구해야겠지요.

④ 믿을 수 있는 AI를 위해

헬스케어 AI가 진단을 내리거나 치료를 도울 때, 그 결과는 어디에 직접적인 영향을 미칠까요? 의사나 간호사도, 공무원도 아닌 환자인 우리의 몸입니다. 도구로서 헬스케어 AI의 작동 방식, 설계와 운영에 대해 병원과 기업, 의료인뿐만 아니라 우리가 이해해야 하는 이유이지요.

이해할 수 있을 때, 우리는 헬스케어 AI를 신뢰할 수 있어요.

믿고 의지한다는 뜻의 '신뢰'는 상대방이 어떻게 움직일지를 내가 알고 있을 때만 가능해요. 헬스케어 AI의 결과를 믿을 수 있으려면, 그 AI가 어떻게 만들어졌고 어떻게 작동하는지 투명하게 공개되어야 합니다. 그리고 이를 검증하는 과정에 실제 사용자가 참여해야 하지요.

⑤ AI도 편견을 가질 수 있어요

앞에서 살펴본 것처럼, AI에는 특정 집단에 편향된 결과를 보이는 문제가 있어요. 조금씩 줄어들고 있지만, 예컨대 AI에게 의사 그림을 그려 달라고 요청할 때 AI는 특정 인종과 성별로(즉, 백인 남성으로) 그려내곤 했지요. 같은 영어로 물어봐도, 격식 있는 전통 영어와 변형된 영어로 질문할 때 AI가 답을 다르게 한다는 연구 결과도 있어요.

이런 편향이 AI에서 새로 나타난 것이 아니라 의료계의 오랜 편견을 반영한다는 점에서, 개선해야 한다고 말만 하는 것은 큰 의미가 없을지도 모르겠어요. 안타깝게도 그동안 의료인에겐 숨 쉬듯 당연한 일이었을 수 있거든요. 이를 단시간에 바꾸기는 어려울 거예요.

물론 편향을 해결하기 위한 기술적인 해법들이 등장하고 있어요. AI 훈련 데이터를 검사해서 데이터가 한쪽으로 치우쳤는

지 확인하고, 이런 경향성을 완화하기 위해 다른 데이터를 추가하는 등 균형을 맞춰 나가요. 하지만 최초 데이터에 누락된 내용이 있다면 기술적인 접근으로 해결하는 것에도 한계가 있어요.

헬스케어를 포함해 AI 편향을 해결하기 위해서 우리의 목소리가 중요한 이유는 여기에 있어요. 데이터와 AI 알고리듬이 누군가를 배제하고 있지 않은지 점검하고, 문제가 있으면 바로잡도록 요구해야 해요.

어떻게 참여할 수 있을까요?

지금까지 헬스케어 AI 개발과 활용에 관심을 기울이고 직접 참여하는 것이 왜 중요한지 살펴보았어요. 데이터 기증 문화 만들기, 데이터 주권 지키기, 사용자 친화적 AI 요구하기, 신뢰할 수 있는 AI 만들기, 그리고 편향 없는 AI를 위한 목소리 내기까지 다양한 이유가 있었지요. 그렇다면 '참여'는 어떻게 가능할까요? 세 가지 방법을 구체적으로 소개하겠습니다.

① 함께 만드는 AI: 참여적 설계

우리 동네에 새로운 공원을 만든다고 생각해 보세요. 만약 구청에서 주민 의견을 묻지 않고 마음대로 설계한다면 어떨까요? 어린이들은 놀이터를 원하는데 벤치만 잔뜩 만들거나, 반대로 운동기구가 필요한 어르신들의 요구를 무시하고 스케이트보드장만 만들 수도 있겠지요. 그래서 최근에는 지자체가 설계 전 실제 사용자인 주민들의 의견을 듣고 함께 공간을 만들어 가려고 노력하고 있어요.

헬스케어 AI도 마찬가지입니다. 질병을 관리하는 앱을 만든다고 상상해 볼까요? 지금은 병원으로부터 자료를 받거나 연구 참여자로부터 정보를 수집하여 개발 회사가 알아서 앱을 만들지요. 완성된 앱이 제공되면 환자는 그대로 사용하는 게 전부예요. 물론 기능에 대한 피드백을 제공하거나 불만을 접수할 수는 있겠지요. 하지만 건의 사항을 받아들일지 결정하는 것도 회사이므로, 환자의 요구가 실제 반영될지는 알 수 없어요.

물론 일반적으로 개발 회사는 사용자의 요청을 반영할 필요가 있어요. 그래야 더 많은 사람이 그들이 만든 앱을 사용할 테니까요. 하지만 헬스케어 앱이나 AI는 상황이 조금 다르지요. 특정한 질병을 다루는 앱이나 AI가 여러 종류로 개발되는 경우도 있지만, 그렇지 않을 때가 더 많아요. 특히 희귀 질환의 경우

는 더 심하지요. 만약 내 병에 대해 참고할 수 있는 AI가 단 하나밖에 없다면, 그 AI가 수정 요청을 받아 주지 않을 때 안타까움을 넘어 화가 날지도 몰라요. 우리는 이런 상황을 두고 부정의하다고 말합니다. 병에 걸렸다는 이유로 부당한 대우를 받기 때문이지요.

그래서 '참여적 설계(participatory design)'가 필요합니다. 먼저, 참여적 설계라는 개념을 살펴볼까요? 당뇨병 관리 앱을 예시로 설명하자면 다음과 같아요. 앱을 개발하는 첫 단계부터 당뇨병 환자들과 회사가 함께 필요한 기능을 논의해요. 개발 과정에 환자들이 직접 테스트에도 참여하고 회사에 피드백을 제공합니다. 이런 피드백을 반영해 가면서 결과적으로 앱을 함께 완성하게 됩니다.

아직 이런 방식으로 개발된 AI 모델이나 앱의 구체적인 사례를 제시하기는 어렵지만, 개념이나 접근에 대해선 연구가 활발히 이루어지고 있어요. 사실, 보건·의료 영역에선 오래전부터 주장되어 온 방식이기도 해요. 의료 서비스가 제공되고 활용되는 과정에 환자와 시민이 참여해 함께 서비스를 만들어 가야 한다는 것이지요. 하지만 현실의 장벽으로 이상적인 이야기처럼 들리는 것도 사실이에요.

헬스케어 AI와 앱이라면 오히려 이런 참여적 설계를 구현하

는 구체적인 방법을 하나씩 만들어 갈 수 있으리라는 생각도 들어요. 헬스케어 AI 앱에 '피드백 보내기' 메뉴를 만들고 실시간으로 의견을 적용하도록 요청한다거나, AI 개발에 환자와 시민이 베타 테스터(정식 출시되기 전 사용해 보는 사람)로 참여하는 관행을 만드는 것이 그 예가 될 수 있겠지요. 또, 환자 단체와 개발팀이 정기적으로 만나 의견을 교환하는 방식도 생각해 볼 수 있어요.

② AI를 이해하는 힘: 헬스케어 AI 리터러시

처음 스마트폰을 갖게 되었을 때를 기억하나요? 단순히 전화만 걸고 문자만 보낼 줄 아는 것과, 다양한 앱을 활용하고 개인 정보를 보호하는 방법까지 아는 것 사이에는 큰 차이가 있음을 경험으로 배웠으리라 생각해요. 기술에 익숙해지기까지는 시행착오를 거듭해야 하지요. 물론 모두가 기술 전문가가 될 필요는 없어요. 하지만 우리 삶에 큰 영향을 미치고, 심지어 우리를 위험에 빠뜨릴 수도 있기 때문에 제대로 알기 위한 노력을 기울여야 한다는 점에는 동의할 거예요. 피싱이나 해킹을 예방하는 것이 특히 중요하지요.

헬스케어 AI 리터러시도 비슷해요. 쉽게 단계를 나누어 설명해 보면 이런 식일 거예요. 헬스케어 AI가 제안한 운동 계획이 나에게 맞는지 판단할 수 있는 것을 기초 단계라고 할 수 있어

요. "나도 AI를 사용할 수 있어!" 같은 수준이지요. 이 수준을 넘어가면, 헬스케어 AI가 왜 이런 계획을 제시하는지 설명을 요청하거나, AI의 결정 과정에 대한 자료를 찾아보고 검토하게 될거예요. 이런 접근을 리터러시 중급 단계라고 할 수 있겠지요. 앞서 설명한 것처럼, 단순히 AI의 설명을 받아들이는 것을 넘어서서 직접 참여해 의견을 내야 AI가 진정으로 우리에게 이로운 기술이 될 것이기 때문이에요. 마지막으로, AI의 한계를 이해하고 의사와 함께 의료와 관련된 최종 결정을 내리는 데 헬스케어 AI를 적절히 활용할 수 있다면, 고급 단계의 헬스케어 AI 리터러시에 다다랐다고 말할 수 있겠지요. 이렇게 헬스케어 AI를 잘 활용하려면 무엇보다 사용하는 사람의 충분한 이해와 노력이 필요해요.

번거롭게 들릴지도 모르겠어요. 그러나 여러 예로 검토한 것처럼, 헬스케어 AI는 사용자가 시키는 대로만 움직이는 단순한 도구가 아니에요. 그 복잡성만큼이나 큰 힘을 지니고 있다는 점에서 우리는 스스로 힘을 기를 필요가 있어요.

말처럼 쉬운 일은 아니겠지요. 이 책도 헬스케어 AI 리터러시 향상을 돕기 위해 쓰이긴 했지만, 책 한두 권 읽었다고 헬스케어 AI의 모든 것을 이해할 수는 없으니까요. 그 적용 방식도 점점 더 다양해질 것이라, 단순히 공부하는 것만으로는 한계가 있을 거예요.

따라서 구체적인 요청이 필요합니다. 예를 들면, 헬스케어 AI 건강 앱에 "쉬운 설명" 기능을 포함해 달라고 병원이나 개발 회사에 요구하는 겁니다. 또, 앱 사용자끼리 경험을 공유하는 온라인 커뮤니티를 운영해서 AI를 더 잘 활용하는 방법을 서로 살펴보고, 수정이나 개선이 필요한 부분이 있다면 함께 개발자에게 요청하는 방법을 생각해 볼 수도 있지요. 학교에 '디지털 헬스 리터러시' 수업을 개설해서 학생들에게 헬스케어 AI를 안전하고 효과적으로 사용하기 위해 필요한 내용을 소개하는 것도 필요한 과정일 거예요.

하지만 우리끼리 생각해 보는 것은 한계가 있지요. 예를 들어, 아무리 사용자가 온라인 커뮤니티를 만들어서 개선 사항을 같이 이야기한다고 해도, 개발자에게 변화의 의지가 없다면 그저 시간 낭비로 끝날 거예요. 아무리 관련 수업을 개설해야 한다고 외쳐도, 정부에서 관심을 두지 않는다면 수업을 여는 것은 불가능하지요.

따라서 헬스케어 AI 리터러시는 그저 내용을 잘 아는 것만으로 끝나서는 안 됩니다. 복잡한 내용을 잘 알고 활용하는 것도 필요하지만, 참여자의 요구를 실제로 실현할 수 있어야 하지요. 앱에 설명 기능 추가를 요구하고, 커뮤니티가 앱의 개선을 요청

하며, 필요한 교육을 새로 만들어 달라고 촉구하는 일은 참여자에게 정치적인 힘을 길러 줍니다. 우리는 이것을 리터러시의 목표로서 '역능 강화'라고 불러요. 리터러시는 지식 전달의 차원을 넘어, 현실을 변화시킬 힘을 참여자에게 부여할 수 있어야 한다는 거예요. 각자의 목소리가 존중받을 때에만, 헬스케어 AI 리터러시가 충분히 발휘될 수 있어요.

③ 참여를 넘어 개발까지: 시민과학

미세먼지가 워낙 문제이다 보니, 최근 시민들이 직접 미세먼지 측정기를 설치해서 동네의 공기 질을 측정하는 경우가 있어요. 공기청정기에도 미세먼지 측정기가 있지만, 조금 더 전문적인 미세먼지 측정기를 설치하고 정기적으로 데이터를 모으기도 하지요. 데이터를 모으면 우리가 직접 더 정확한 미세먼지 지도를 만들 수 있지요.

단순한 예지만, 이런 활동을 '시민과학'이라고 불러요. 시민과학의 대표적인 예로 '주니버스'를 들 수 있어요. 이 플랫폼에서는 전 세계 시민들이 과학 연구에 직접 참여할 수 있답니다. 예를 들어 은하계 분류하기, 야생 동물 식별하기, 역사 문서 번역하기 등 다양한 프로젝트가 진행되고 있지요. 시민들이 제공한 데이터와 분석은 실제로 여러 과학 논문에 활용되어 학문 발전

에 기여하고 있어요.

당연히 헬스케어 AI로도 시민과학 활동이 가능해요. 요새 수면에 관한 관심이 높아지고 있잖아요? 잠잘 시간도 모자란데 그마저도 푹 잠들지 못하는 사람들이 많기 때문에, 좋은 침대와 베개에 관한 관심에서부터 어떻게 하면 숙면할 수 있는지에 대한 다양한 치료 방법까지 개발되고 있어요. 웨어러블 장비를 가지고 있거나 관심이 있다면, 대부분 수면 패턴을 측정해 주는 기능을 알고 있을 거예요. 스마트워치를 차고 잠들면, 내 수면 패턴이 기록되지요. 개발 회사가 이런 수면 패턴 자료를 검토하긴 하겠지만, 시민들이 자신의 수면 데이터를 수집, 공유하여 연구하는 방법도 생각해 볼 수 있어요. 직접 AI를 활용해서 수면 장애를 예측하는 모델을 개발할 수도 있겠지요.

국내 사례도 있어요. 당뇨병은 우리 혈액에 있는 당류, 즉 포도당 수준을 잘 조절하지 못하는 상태를 가리켜요. 혈액 속 포도당의 양을 조절하는 세포 신호가 잘 작동하지 못해서, 포도당이 너무 많거나 너무 적은 상태가 나타나곤 합니다. 포도당이 너무 많으면 혈액이 끈적해져서 잘 흐르지 못하고, 포도당이 너무 적어도 우리 몸이 당장 필요한 에너지를 얻지 못하므로 '저혈당 쇼크'에 빠지게 됩니다. 이때 빨리 사탕이나 음료수를 섭취해 저혈당 상태에서 벗어나지 못하면 심각한 일이 벌어질 수도 있어요.

그래도 성인은 쓰러졌을 때 주변에서 알아차릴 가능성이 높지만, 아이들은 잘 구분할 수 없는 경우가 많아요. 게다가 성인에 비해 좀 더 빠른 대처가 필요해서 당뇨병에 걸린 아이를 키우는 부모는 항시 노심초사할 수밖에 없지요. 도와줄 사람이 아무도 없을 때 아이가 저혈당 쇼크에 빠진다면, 상상만으로도 두려운 일이지요.

한국제1형당뇨병환우회 대표 긷미영은 당뇨병을 앓는 아이를 키우던 중, 연속혈당측정기라는 기기에 대해 알게 됩니다. 몸에 센서를 부착해 두면 기기가 혈액의 당 수치를 계속 측정해서 알려 주는 장비지요. 하지만 당시에는 국내에 기기가 정식 출시되지 않아서 스마트폰으로 정보를 바로 확인할 수 없었어요.

개발자였던 김 대표는 외국에서 연속혈당측정기를 구입해서 아이에게 부착하고, 기기에서 나오는 정보를 받아 스마트폰에서 확인할 수 있는 프로그램을 직접 수정해 활용합니다. 그리고 이 기기 덕분에 삶이 무척 편리해졌음을 당뇨병 커뮤니티에 공유했지요. 기기를 써 보고 싶다는 요청이 많아지자 김 대표는 환자와 그 가족 들을 돕기 위해 발 벗고 나섰습니다.

그러나 이 과정에서 김 대표는 구허가 의료기기를 들여왔다는 이유로 검찰 조사를 받았어요. 많은 사람이 정부의 처사에 분노했고, 김 대표도 국가에서 환자를 위해 무엇 하나 해 주지 않는 상황에서 직접 노력한 것이 왜 문제가 되냐며 맞섰습니다. 결국 송사는 취소되었고, 연속혈당측정기는 정식으로 국내에 출시되었어요. 커뮤니티를 통해 환자들의 데이터를 확보하여 측정기가 더 정확히 작동하고, 적절한 시기에 알람을 보낼 수 있도록 노력하고 있답니다.

이렇듯 헬스케어 AI와 관련한 시민과학 활동은 다양하게 이루어질 수 있어요. 예를 들어, 건강 데이터 공유 플랫폼에 자발적으로 건강 데이터를 제공해 더 나은 모델과 알고리즘을 개발하는 데 힘을 보탤 수 있지요. 또, 프로그래밍에 관심이 있거나 어느 정도 지식이 있는 경우, 개인이 참여할 수 있는 헬스케어 AI 알고리듬 개선 대회에 도전하거나 오픈 소스(누구나 접근 가능한 소프트웨어) 헬스케어 AI 프로젝트에 이바지할 수도 있을 거예요!

이런 활동을 할 때 조심해야 할 점도 있겠지요. 먼저, 자신의 건강 데이터를 공유할 때는 항상 어떻게 사용되는지, 누가 볼 수 있는지 확인해야 합니다. AI가 아무리 발전해도 의사의 경험과 판단을 대체할 수 없다는 것도 인지해야 하지요. 또한, 디지털 기기를 잘 다루지 못하는 어르신이나 장애인 들도 참여할 수 있는 방법을 고민해야 합니다.

이와 같은 부분을 염두에 둔다면, 헬스케어 AI는 우리의 건강을 지키는 강력한 도구가 될 수 있을 거예요. 그 도구가 제대로

작동하려면 우리 모두의 참여가 필요합니다. 단순히 사용자에
머무르지 않고, AI를 함께 만들고 검증해야 한다는 뜻이에요. 미
래의 병원에서는 AI 의사와 인간 의사, 그리고 깨어 있는 환자가
함께 최선의 치료법을 찾아갈 것입니다. 그 미래를 만드는 주인
공은 바로 여러분이지요.

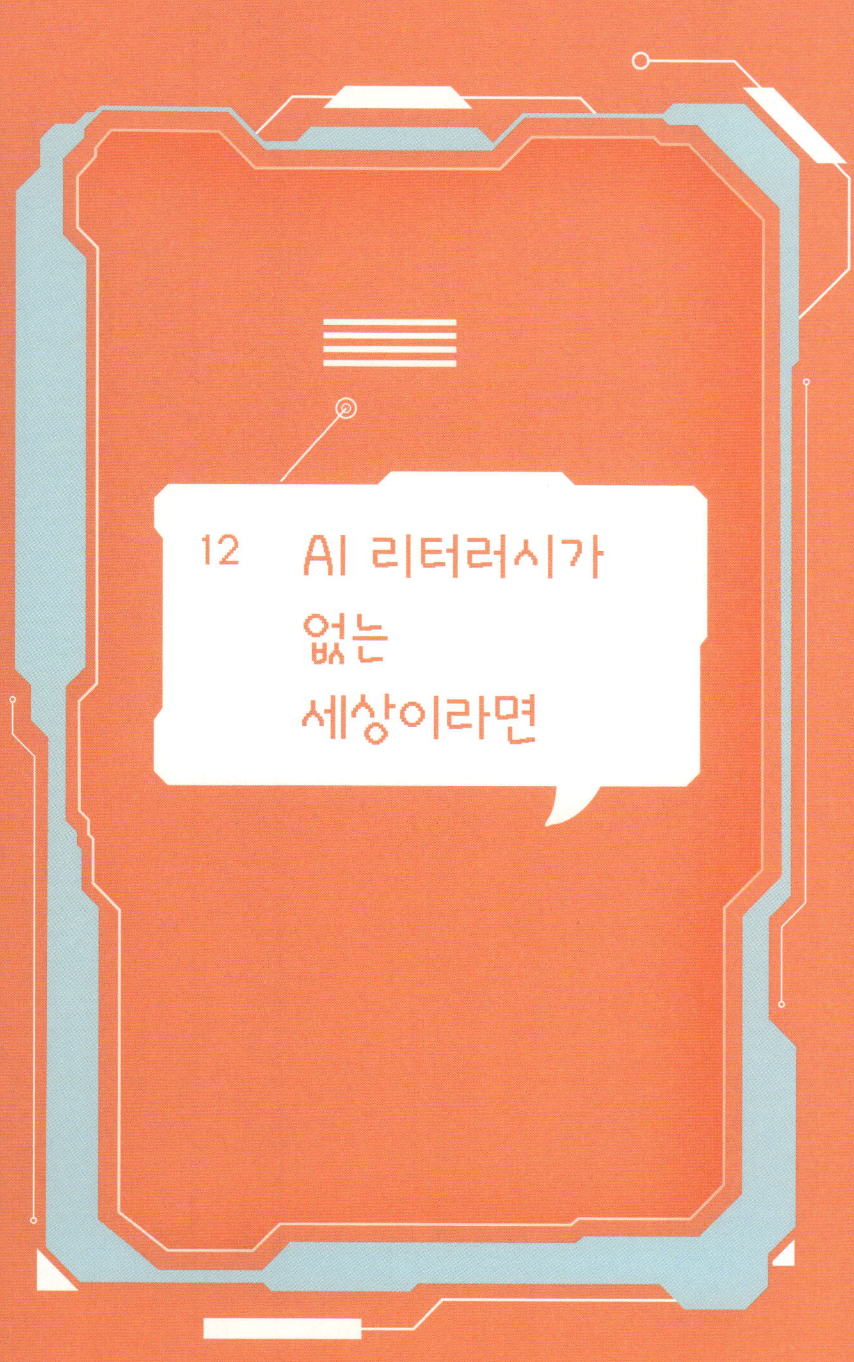
12
AI 리터러시가
없는
세상이라면

마지막으로, 가즈오 이시구로의 소설《나를 보내지 마》를 함께 살펴보려 해요. 어쩌면 여러분은 헬스케어 AI의 여러 문제와 질문이 아직 막연하다고 생각할지도 모르겠어요. 무엇보다 어느 정도는 현실화되었다고 해도 아직 많은 부분은 미래의 일이거든요. 미래의 일들을 따져보기 어려울 때, 그 미래를 사실인 것처럼 가정하고 쓴 소설의 세계에 비추어 생각해 보면 도움이 된답니다.

〈네버 렛 미 고〉로도 영화화한《나를 보내지 마》는 사실 AI에 대한 이야기는 아니에요. 소설은 장기 이식을 주제로 합니다. 하지만 장기 이식은 우리의 건강 데이터와 헬스케어 AI를 생각하는 적절한 기반을 제공해요. 소설 줄거리를 먼저 살펴보고, 왜 그런지 같이 이야기해 보려 합니다.

삶을 "완료"하기 위해 태어나다

소설을 끌어가는 것은 31세의 간병인 캐시입니다. 소설은 캐시가 영국 시골의 외딴 시설인 헤일셤에서 친구들과 보낸 시간을 회고하는 것으로 시작하지요. 헤일셤에서 생활하는 학생들은 창의적인 활동을 장려받습니다. "마담"으로 불리는 의문의 인물이 우수한 작품을 골라 외부 갤러리에 전시한다는 소문도 돌지요. 마담의 선택을 받는 것은 큰 영광으로 여겨집니다.

한편, 이들을 관리하는 "보호자"들은 학생들이 이곳에 있는 이유를 모호하게 이야기합니다. 학생들은 자신들이 바깥세상 사람들과 다르며 이곳에서의 삶이 "기증"과 관련이 있다는 것을 막연하게 이해할 뿐이지요.

16세가 된 캐시와 그의 친구인 루스, 토미는 헤일셤을 떠나 코티지로 이주합니다. 자신들이 복제 인간임을 알게 된 이들은 코티지에서 더 많은 자유를 누리고, 다른 시설 출신 복제 인간과도 교류를 가져요. 그리고 어렴풋이 알게 되지요. 이들의 존재 이유가 "원본"에게 장기를 기증하기 위해서라는 것을.

시간이 흐르고, 세 사람은 흩어져요. 각자 자신의 자리에서 부여받은 역할을 하는 한편 장기 기증을 유예할 방법이 있다는 소문에 따라 나름의 노력을 해 갑니다. 그러다 셋은 우연히 노픽으로 여행을 떠나게 됩니다. 헤일섬 학생들에게 노픽은 어린 시절 잃어버린 모든 것을 찾을 수 있는 곳이라는 환상이 있었어요.

이 여행은 루스의 "가능성"(복제 인간의 원본)이 그곳에서 목격되었다는 소문으로 시작됩니다. 그러나 탐색은 헛수고로 끝나지요. 한편, 여행 중에 진정한 사랑을 증명할 수 있는 커플은 기증을 면제받을 수 있다는 소문을 들은 캐시, 루스, 토미는 이를 진지하게 받아들여요.

여행 수년 뒤, 이제 간병인이 된 캐시가 다시 등장해요. 다른 복제 인간들이 장기 기증을 하는 동안 그들을 돌보며 자신의 차례를 기다리는 운명이었지요. 캐시는 첫 번째 기증 과정에서 문제가 생겨 건강이 악화된 루스의 간병인이 됩니다. 이 기간 동안 루스는 과거 캐시와 토미를 떨어뜨려 놓은 것에 대해 깊이 후회해요. 마지막 속죄의 행위로, 그들에게 마담의 주소를 알려 주며 기증 유예 방법을 찾아보라고 권합니다.

루스가 "완료"(두 번째 또는 세 번째 기증 후 죽음을 완곡하게 표현한 말이에요)된 후, 캐시는 토미의 간병인이 되고, 그들은 마침내 연인 관계를 시작합니다. 그들은 유예에 대한 희망을 품고 마담을 방문하고, 헤일섬의 전 교장인 에밀리 선생님을 만납니다.

이다음에 어떤 일이 벌어질까요? 과연 캐시와 토미는 기증을

유예받을 수 있을까요? 결말은 소설을 읽을 친구들을 위해 남겨 두지요. 우리는 이제 소설에 그려진 복제 인간의 장기 이식 문제를 더 생각해 보려 합니다.

"나를 보내지 말라"는 요청에 귀 기울이기

소설은 꿈도 희망도 거의 기대할 수 없는 이야기처럼 읽히지요. 게다가 처음에 화자인 캐시를 비롯하여, 그의 헤일셤 친구들이 어떤 존재인지 이야기해 주지 않기 때문에 나중에 이들이 장기 기증을 위해 만들어진 복제 인간이었음을 깨닫는 순간에 큰 충격이 찾아오기도 해요. 더 슬픈 건, 이런 사실을 모두가 알고 있음에도 복제 인간 자신을 포함하여 아무도 문제를 제기하지 않는다는 거지요. 그나마 마담과 에밀리 선생님은 학생들의 존엄을 지키기 위해 노력을 기울였다고 밝혀지지만, 그들의 시도 또한 순탄치 않았습니다.

그러나 이 소설의 가치는 이야기가 얼마나 절망적인가에 있지 않아요. 소설은 시민의 참여가 없는 보건·의료의 현실을 보여 주는 거울이에요. 건강과 치료를 명목으로 이루어지는 행위를 무비판적으로 받아들일 때 어떤 일까지 벌어질 수 있는지 보

여 주는 고발 소설이라고 할 수 있지요.

또한, 소설의 배경이 되는 복제 인간의 장기 강탈(소설에선 "기증"이라고 하지만, 기증자의 동의 없이 만들어진 시스템을 통한 장기 이식은 강탈이라고 불러도 이상하지 않지요)과 헬스케어 AI의 잘못된 활용은 유사성이 있어요. 철학적으로는 "형식적 동일성"이라고 말할 수 있답니다. 둘은 원치 않는 방식으로 내 몸의 일부, 즉 장기 이식에선 장기가, 헬스케어 AI에선 건강 데이터가 활용된다는 점에서 동일하지요. 장기는 당연히 내 몸을 구성하는 일부인데, 건강 데이터도 그럴까요? 네, 그렇습니다. 건강 데이터는 우리 몸을 복제한 것이니까요.

물론 두 행위는 맥락도 특징도 달라요. 하지만 이미 오랜 문제 제기로 사람들이 심각한 범죄라고 인식하고 있어 현실화되기 어려운 장기 강탈(이미 우리는 장기 강탈을 심각한 범죄로 규정하고 있고 이런 인식은 쉽사리 바뀌지 않을 거예요)과 달리, 헬스케어 AI의 문제는 이미 진행 중이지만 사람들이 잘 인식하지 못하고 있어요. 따라서 소설 속 상황과 같은 일이 더 쉽게 벌어질 수 있어요. 사람들은 우리가 모르는 사이에 우리의 건강 데이터나 그것을 바탕으로 개발한 AI 모델을 활용하려 합니다.

무엇보다 소설에서 문제가 되는 것은 세계관이에요. 장기 강탈을 위한 인간 복제를 모든 사람이 당연하게 여기는 세상에서

복제 인간들의 인식 또한 이 세계관을 벗어나지 못하지요. 그래서 소설 1부의 배경이 왜 헤일셤이라는 시설었는지 역시 한참 뒤에야 드러나요. 헤일셤은 복제 인간에게 "영혼", 즉 자아가 있음을 알리려던 개혁 운동의 일환이었지만 끝내 실패하지요. 이는 무엇을 의미할까요? 이 세계는 애초에, 그리고 지금도 복제 인간에게 영혼이 없다고 믿고 있다는 거예요.

하지만 복제 인간의 영혼을 부정하는 이 세계관을 전부 통과하고 나면, 독자는 한 치의 의심도 없이 확신할 수 있어요. 주인공과 친구들, 캐시, 루스, 토미에게도 영혼이 있다는 걸요. 그들의 삶은 기증을 마치는 것으로 "완료"되지 않아요. 세상이 외면했을지언정 한 명 한 명 고유한 삶을 살아 냈다는 것을, 그 삶을 지키고 드러내고자 노력했음을 우리는 알게 됩니다.

'나를 보내지 마'라는 제목은 소설 속에 등장하는 노래의 제목이기도 합니다. 노래에 맞춰 춤을 추는 캐시를 보며 마담은 복제 인간인 캐시도 자신과 다를 바 없는 존재임을 깨달으며 큰 충격을 받지요. 더불어 이 제목은 복제 인간들의 삶을 외면하지 말아 달라는 작가의 강한 부탁으로도 읽힙니다.

이제 다시 헬스케어 AI로 돌아가 볼까요? 끔찍한 소설 속 세계는 헬스케어에 대해 무엇을 말해 주고 있나요?

헬스케어 AI, 참여가 필수적인 이유

질문에 답하기 앞서 지금까지 우리가 나눠 온 이야기를 먼저 정리해 봅시다. 사실, 이 책에서 살펴 모든 논의는 우리 몸에서 나온 데이터가 매우 중요하다는 가정에서 출발해요. 건강 데이터가 그토록 중요하기에, 우리는 유전정보 시장을 만드는 것에 신중해야 하고 병원 정보에 기초한 연구의 활용과 그 소유권을 고민해야 해요. 심지어 생성형 AI에 우리 건강 데이터를 올리면서 질문하는 행위도 상담 이상의 의미를 갖지요. 이때 헬스케어 AI가 내놓는 대답의 투명성도 면밀히 검토하고자 합니다. 이는 건강 데이터를 조심히 다루어야 한다고, 즉 "건강 데이터는 특별하다"는 주장을 하고 있어요.

왜 그럴까요? 데이터는 숫자와 단어의 모음일 뿐인걸요. 물론 더 좋은 AI를 만들기 위한 자원이니 데이터가 중요할 수 있지만, 건강 데이터에 국한되는 것은 아니에요. 다른 데이터, 이를테면 환경 데이터나 금융 데이터 역시 중요하지요. 정보가 유출되면 당사자에게 피해가 발생할 수 있다는 것도 중요한 이유라고 할 수 있어요. 하지만 모 통신 기업 해킹 사건에서 본 것처럼 유출되었을 때 피해가 발생하는 정보는 건강 데이터만이 아니지요.

이 모두가 건강 데이터가 중요한 이유이긴 하지만, 그렇다고 다른 데이터와 비교하여 건강 데이터가 특별하다고 할 수 있는 근거는 아니에요.

건강 데이터가 중요한 이유는 우리 몸에 관한 데이터이기 때문이지요. 다시 말하지만, 건강 데이터는 우리 몸의 일부를 복제한 것입니다. 대표적으로 유전정보는 우리 유전체를 복제한 것이지요. 혈액 검사 결과나 몸을 촬영한 X선 영상도 우리 몸을 복제한 것이에요. 아직은 연구 초기 단계지만, 몸속 단백질이나 세포의 구성, 작동 방식에 관한 데이터 또한 우리 몸의 복제예요.

이전에는 복제 데이터가 큰 의미를 갖지 못했어요. 데이터가 자잘하게 쪼개져 있어서 그 중 하나를 획득해도 할 수 있는 게 별로 없으니까요. 하지만 우리 몸은 점차 데이터화되고 있어요. 다시 말하면, 우리 몸의 디지털 복제본을 만들 수 있는 세상이 다가오고 있지요. 이미 '디지털 트윈'이라는 기술로 실현되고 있기도 하고요.

디지털 트윈이란 우리 몸의 전부 혹은 일부를 가상 공간으로 복제한 것을 말해요. 디지털 트윈은 여러 용도가 있는데, 예를 들면 어떤 약에 우리 몸이 어떤 반응을 보일지, 어떤 치료가 더 잘 들을지를 미리 시뮬레이션해 볼 수 있어요. 그렇다면 의료 안전성은 지금과 비교할 수 없이 높아지겠지요.

데이터를 모아, 가상의 디지털 공간에 우리를 새롭게 복제하며, 이 가상의 몸을 대상으로 검사하고, 진단하며, 투약할 수 있게 됩니다. 이는 건강 데이터가 다른 데이터보다 특별한 이유를 알려 주지요. AI의 세상에서 건강 데이터는 세포를 비롯해 장기와 비슷한 지위를 갖게 되는 거예요.

이제 소설 《나를 보내지 마》를 통해 헬스케어 AI를 이야기한 이유를 이해할 수 있으리라고 생각해요. 내 몸의 일부를 디지털 환경에서 재현(복제)한 건강 데이터는 내 몸의 특성과 나만이 가진 특수성을 공유합니다. 세포가 떨어져 나가도 여전히 그것이 내 몸의 일부인 것처럼, 몸의 특성을 담은 건강 데이터 또한 내 몸의 일부라고 말할 수 있지요. 그렇기에 장기를 마음대로 다루는 것과 건강 데이터를 마음대로 다루는 것은 윤리적으로 비슷한 선상에 놓을 수 있는 문제입니다.

물론 이렇게 접근하는 경우 데이터 간 차등이 생기겠지요. 몸의 일부라고 말할 수 있는 건강 데이터와 그렇지 않은 것은 어떻게 구분하는가 하는 새로운 문제가 생겨요. 이것은 기술적인 논의이자 법·윤리적 검토 대상이기도 합니다. 여기에선 가능성과 필요를 짚는 것에서 멈추려 해요.

그렇다면 건강 데이터를 함부로 다루지 않으려면 어떻게 해야 할까요? 우리는 건강 데이터를, 그리고 그로부터 만들어지

고 이를 처리하는 헬스케어 AI에 대해 진지하게 생각해 보아야 해요. 그것이 어떻게 활용되고 취급되는지, 심지어 어떻게 보관, 정리되고 폐기되는지, 그리고 이를 통해 만들어진 헬스케어 AI가 어떻게 다루어져야 하는지에 대해 함께 관심을 가져야 합니다. 이는 더 이상 의사, 간호사 선생님들만의 문제가 아니에요. 이제 헬스케어 AI는 우리의 문제, 우리가 함께 검토하고 다루어야 할 이슈입니다.

앞으로 펼쳐질 여정에 여러분을 초대합니다. 저는 헬스케어 AI를 우리가 함께 만들어 갈 수 있기를 기대하고 있어요. 여러분은 어떠신가요?

참고 자료

영화

앤드류 니콜, 〈가타카〉, 1998.

단행본

가즈오 이시구로, 《나를 보내지 마》, 김남주 옮김, 민음사, 2009.

김준혁, 《모두를 위한 의료윤리》, 휴머니스트, 2021.

김준혁, 《헬스케어 AI 윤리》, 커뮤니케이션북스, 2024.

리처드 H. 탈러, 캐스 R. 선스타인, 《넛지》, 안진환 옮김, 리더스북, 2009.

스벤 뉘홀름, 《이것이 기술윤리다》, 윤준식·박형배 옮김, 그린비, 2025.

앨버트 존슨, 《의료윤리의 역사》, 이재담 옮김, 로도스, 2014.

월터 시넛 암스트롱 외, 《도덕적인 AI》, 박초월 옮김, 김영사, 2025.

논문

김준혁, 〈헬스케어 AI 윤리에서 환자·시민 참여 모형: 주제범위 고찰과 방법론적 검토에 기초하여〉, 《한국의료윤리학회지》, 27(4), 177-196쪽, 2024.

임소연, 〈헬스케어 AI의 환자·시민참여: 과학기술학의 관점〉, 《한국의료윤리학회지》, 27(4), 225-230쪽, 2024.

차민경·박희제, 〈수행되지 않은 과학하기와 전문가주의에 대한 도전: 1형 당뇨병 환우회의 사례〉, 《과학기술학연구》, 23(1). 1-39쪽, 2023.

차현재·김준혁, 〈건강데이터 기증 및 공유의 윤리적 접근: 인체유래물 기증 절차를 참조하여〉, 《생명, 윤리와 정책》. 6(2). 101-137쪽, 2022.

Breiman, L., Statistical modeling: The two cultures(with comments and a rejoinder by the author), *Statistical Science*, 16(3), pp.199-231, 2001.

Daneshjou, R. Vodrahalli, K., Novoa, R. A. et al., Disparities in dermatology AI performance on a diverse, curated clinical image set. *Science Advances*. 8(32), eabq6147, 2022.

Davenport, T., Kalakota, R., The potential for artificial intelligence in healthcare, *Future Healthcare Journal*, 6(2), pp.94-98, 2019.

Eichenberger, A., Thielke, S., Buskirk, A. V., A case of bromism influence by use of artificial intelligence, *Annals of Internal Medicine: Clinical Cases*, 4(8), e241260, 2025.

Kalai, A. T., Nachum, O., Vempala, S. S. et al., Why language models hallucinate, *arXiv preprint*, arXiv:2059.04664, 2025.

Kleinberg, J., Mullainathan, S., Raghavan, M., Inherent trade-offs in the fair determination of risk scores, *arXiv preprint*, arXiv:1609.05807, 2016.

Krizhevsky, A., Sutskever, I., Hinton, G. E., ImageNet classification with deep convolutional neural networks, *Advances in Neural Information Processing Systems*, 25, 2012.

Long, D., Magerko, B., What is AI literacy? Competencies and design considerations, *CHI '20: Proceedings of the 2020 CHI Conference on Human Factors in Computing Systems*, pp.1-16, 2020.

Morrin, H., Nicholls, L., Yiend, J., et al., Delusions by design? How everyday AIs might be fuelling psychosis (and what can be done about it). PsyArXiv Preprints, 2025.

Pinto, I., Olazarán, Á., Jurío, D. et al., Improving diabetic retinopathy screening using artificial intelligence: Design, evaluation and before-and-after study of a custom development, *Frontiers in Digital Health*, *7*, 1547045, 2025.

Segall, S., Is health care (still) special?, *Journal of Political Philosophy*, *15(3)*, pp.342-361, 2007.

Straw, I., Wu, H., Investigating for bias in healthcare algorithms: A sex-stratified analysis of supervised machine learning models in liver disease prediction, *BMJ Health & Care Informatics*, *29(1)*, e100457, 2022.

Wickenheiser, R. A., Forensic genealogy, bioethics and the Golden State Killer case, *Forensic Science International: Synergy*, *1*, pp.114-125, 2019.

신문 기사

Devlin, H., Burgis, T., Pegg, D. et al., "Us startup charging couples to 'screen embryos for IQ'", *The Guardian*, 2024.10.18., 〈https://www.theguardian.com/science/2024/oct/18/us-startup-charging-couples-to-screen-embryos-for-iq〉

Hern, A., "Royal Free breached UK data law in 1.6m patient deal with Google's DeepMind", *The Guardian*, 2017.7.3., 〈https://www.theguardian.com/technology/2017/jul/03/google-deepmind-16m-patient-royal-free-deal-data-protection-act〉

Huddleston Jr., T. Bill Gates, "Within 10 years, AI will replace many doctors and teachers—humans won't be needed 'for most things'", *CNBC*, 2025.3.26., 〈https://

www.cnbc.com/2025/03/26/bill-gates-on-ai-humans-wont-be-needed-for-
most-things.html〉

Khosla, V., "Vinod Khosla: Machines will replace 80 percent of doctors", *Wired*,
2012.9.4., 〈https://www.wired.com/story/doctors-replaced-with-machines/〉

Nolan, B., "UK health service AI tool generated a set of false diagnoses for one patient
that led to him being wrongly invited to a diabetes screening appointment", *Fortune*,
2025.7.20., 〈https://fortune.com/2025/07/20/uk-health-service-ai-tool-false-
diagnoses-patient-screening-nhs-anima-health-annie/〉

Silberling, A., "Parents sue OpenAI over ChatGPT's role in son's suicide", *Techcrunch*,
2025.8.26., 〈https://techcrunch.com/2025/08/26/parents-sue-openai-over-
chatgpts-role-in-sons-suicide/〉

AI에게 건강을 맡겨도 될까요?

1판 1쇄 발행일 2025년 11월 17일

지은이 김준혁

발행인 김학원
발행처 (주)휴머니스트출판그룹
출판등록 제313-2007-000007호(2007년 1월 5일)
주소 (03991) 서울시 마포구 동교로23길 76(연남동)
전화 02-335-4422 **팩스** 02-334-3427
저자·독자 서비스 humanist@humanistbooks.com
홈페이지 www.humanistbooks.com
유튜브 youtube.com/user/humanistma
페이스북 facebook.com/hmcv2001 **인스타그램** @gomgom_teens

편집주간 황서현 **편집** 윤소빈 이영란 **디자인** 유주현 **일러스트** 최혜령
조판 홍영사 **용지** 화인페이퍼 **인쇄·제본** 정민문화사

ⓒ 김준혁, 2025

ISBN 979-11-7087-395-2 43100